GUIDO BONATTI

DAS BUCH
DER STERNDEUTEREI

LIBER ASTRONOMIAE
CONSIDERATIONES

**146 Erwägungen zwecks der Einführung in die Beurteilung
der Bewegung und Bedeutung der Sterne**

CHAITANYA-VERLAG

Guido Bonatti:
Das Buch der Sterndeuterei (Considerationes)
Chaitanya-Verlag, H. Kindler
1. Auflage, Walenstadt, 2023
ISBN 9-783757-829957
Herstellung und Verlag: BoD – Books on Demand, Norderstedt

Guido Bonatti (*1210/†1296)
LIBER ASTRONOMIAE

146 Erwägungen zwecks der Einführung in die Beurteilung der Bewegung und Bedeutung der Sterne

Inhalt

1.

Zunächst hat der Astrologe seine Aufmerksamkeit darauf zu richten, was jemanden antreibt, ihm eine bestimmte Frage zu stellen. Dabei müssen wir auf drei Dinge achten:

Erstens: Auf die Gemütslage des Fragestellers, welche dessen Gedanken umtreibt und daraus die Frageabsicht erweckt.

Zweitens: Auf die Himmelskörper; und zwar, ob diese zu jenem Zeitpunkt den Fragegegenstand und was aus diesem erwächst, auch tatsächlich mit einer Konstellation abbilden.

Drittens: Auf den freien Willen, der den Fragesteller zur eigentlichen Fragestellung überhaupt erst geneigt macht. Denn obwohl die Gesinnung zur Fragestellung neigt, genügt dies nicht, sondern erst, wenn auch eine entsprechende Planetenkonstellation damit sympathisiert. Im Gegenzug reicht eine solche Konstellation allein nicht aus, wenn die Person nicht aus ihrem [vermeintlich freien] Willensentschluss heraus ihre Frage tatsächlich an den Astrologen richtet.

2.

Beabsichtigt ein Klient wegen einer bestimmten, seine Vergangenheit, Gegenwart oder Zukunft betreffenden Frage einen Astrologen zu konsultieren, so sollte er zunächst in ergebenem Geiste zum Herrn beten, von welchem nämlich das Gelingen jeglichen rechtschaffenen Unternehmens ausgeht, auf dass er ihm das dazu nötige Wissen verleihen möge.

Erst darauf wende er sich wegen des Ernsts seines dann immer noch ganz oder teilweise mit Zweifeln behafteten Anliegens an den Astrologen.

Und das ganze eben nicht bei jeder Bagatelle oder vorübergehenden Gefühlswallung; nicht zu reden von niederträchtigen und unsittlichen Absichten, wie wir es bei so manchem unwissenden Zeitgenossen leider erleben müssen.

Nein, ausschliesslich in Angelegenheiten von lauterer Wichtigkeit, sowie solcher, die das Gemüt eines Klienten mehr als einen Tag oder eine Nacht beschäftigt haben. Eine Ausnahme bilden dabei plötzliche, und ihrer Natur gemäss keine Verzögerung erlaubende Vorfälle.

Diejenigen, welche diesen rechtschaffenen Pfad wählen, werden auf ihre Fragen die Wahrheit zu hören bekommen, während alle Andern sich selber wie auch den Künstler [d.i. der Astrologe] betrügen, so vermag ein puren Blödsinn Fragender den Astrologen zu einer irrigen Schlussfolgerung zu verleiten, was dann die Kunst [d.i. die Astrologie] beim schlecht informierten Publikum in Verruf bringt; wobei natürlich nicht dem Astrologen, sondern dem blödsinnigen Fragesteller Vorwürfe gemacht werden müssen.

3.

Als Nächstes ist zu erwägen, auf welche Weisen sich die diversen Verhaltensmerkmale der Planeten in den irdischen Angelegenheiten widerspiegeln.

Dabei zählen wir sechzehn verschiedene Arten solcher Verhaltens- und Wirkweisen, welche Aufschluss geben, ob sich eine Angelegenheit vollkommen oder teilweise erfüllt oder sie zum Scheitern verurteilt ist.

4.

Hier gilt es nun also diese sechzehn Verhaltensweisen im Einzelnen zu erwägen und die Voraussetzungen zu bestimmen, unter denen sich eine Angelegenheit zu erfüllen verspricht, bzw. unter denen diese selbst nach anfänglich scheinbarer Erfüllung doch noch zum Scheitern verurteilt ist.

Diese sind also:

1. Das Eintreffen oder der Fortgang einer Angelegenheit bzw. in einer Angelegenheit [«adventus sive profectus rerum» (lat. Eintreffen oder gar Fortschritt der Sache)], welche die antiken [arabischen] Autoren *«al-iqbāl»* [arab. die Begrüssung] nennen [Abu Ma'shar, al-Qabisi und Sahl benutzen *«al-iqbāl»* allerdings im Sinne von «Vorstossen», wenn ein Planet nämlich in einem Eck- bzw. nachfolgenden Haus postiert ist.]

2. Der Rückgang [«deterioratio» (lat. Verminderung, Verringerung)] die sie *«al-idbār»* nennen.
[Ein Planet befindet sich im «Rückgang», wenn er in einem fallenden Haus steht.]

3. «Konjunktion» oder «Rückkehr» [«coniunctio, seu reversio»)], welche sie *«al-'ittisal»* [arab. «Kontaktierung»] nennen.

4. «Trennung» oder «Abkoppelung» [«separatio, seu disiunctio» (lat. Trennung, oder Scheidung)], von ihnen *«al-'insirāf»* [arab. Weggeben] genannt.

5. «Übertragung des Lichts» [«translatio luminis»], sie nennen es *«an-naql»* [arab. Transport].

6. «Sammlung des Lichts» [«collectio sive aggregatio» (lat. Sammlung, Zusammenlegung bzw. Anhäufung, Vereinigung)], oder *«al-jam»* [arab. sich versammeln].

7. «Vereitelung» [«vetatio vel prohibitio», lat. Verhinderung oder Verbot], die sie *«al-man»* [arab. Verbieten, Verhindern].

8. «Rezeption» [«receptio» (lat. Empfängnis)], von ihnen *«al-qubūl»* [arab. Akzeptanz] genannt.

9. «Im Leerlauf» [«evacuatio cursus» (lat. ins Leere laufend)], was sie *«khāl as-sayr»* [arab. an etwas fehlen] heissen.

10. « Zugeständnis oder Erlaubnis» [«concessio vel permissio»], von den Alten *«ghafra l-qubūl»* [arab. gnädige Erlaubnis] genannt.

11. Die «Rückgabe von Eigenschaft oder Stellung» [«redditus virtutis vel dispositionis» (lat. Rückgabe («essentieller» Würden)], *«ar-radd»* genannt.

12. Die «Übertragung von Kraft» [«pulsatio virtutis»], *«daf' al-quwwah»* [arab. Kraft übergeben] genannt [es hier um die Übertragung «essentieller Würden»].

13. Die «Übertragung von Stellung» [«pulsatio dispositionis»], die sie *«daf' t-adbīr»* [arab. (An-)ordnung übergeben] nennen.

14. «Tugend oder Stärke» [«virtus, seu fortitudo», d.h. «essentielle Würden»)], *«al-qawwīah»* [arab. Stärke].

15. «Schwäche» [«debilitas» (lat. Entkräftung), «Exil»], *«ad-d'af»* [arab. Schwäche].

16. «Versehrter Mond» [«lunae vitiositas» (lat. Mangelhaftigkeit des Mondes)] ist der Zustand des Mondes, welcher von den Alten als *«khamalu l-qamar»* [arab. verdeckter Mond], Mond in übler Verfassung bzw. verdorbener Mond bezeichnet wird.

5.

Fünftens ist zu erwägen auf welche Weisen der Mond nachteilig beleuchtet sein kann. Allgemein werden dazu zehn Möglichkeiten angegeben. Meiner Meinung nach existieren jedoch deren 17, welche in Frage-, Geburts-, Ereignis- und Elektionshoroskopen Ungemach und Schaden anzeigen:

- Dergleichen dann angezeigt, wenn sich der Mond «verbrannt» findet, d.h. sein Licht von der Sonne überstrahlt wird. Dies ist ab 15° vor, bis hin zu 12° nach einer Konjunktion mit der Sonne [d.i. Leermond] der Fall, wobei die Versehrung vor der exakten Konjunktion als gravierender zu werten ist wie die nach ihr. Dies ist so, weil ein Planet ab 5° nach der Konjunktion mit der Sonne als ihr «entkommen», jedoch noch nicht gänzlich von ihren Einflüssen befreit bewertet wird. Die Situation ist mit einem Patienten vergleichbar, bei dem ein Fieber abklingt und er deshalb als «über den Berg» bezeichnet wird, obschon er sich noch schwach und nicht gesund fühlt.

- Zum Zweiten ist der Mond als benachteiligt zu werten, wenn er sich in den Graden seines «Falls» befindet, d.i. innerhalb des 3. Skorpiongrades bzw. überhaupt im Skorpion, im Steinbock oder mit Aspekt zu einem anderen Planeten, der in seinem «Exil» respektive «Fall» platziert ist, wie beispielsweise der Mond in einem Aspekt mit der Sonne in der Waage, besonders in deren 19. Grad, im Skorpion, im Steinbock-oder im Wassermann.

Mit Hindernissen zu rechnen ist dementsprechend auch im Falle eines Aspekts des Mondes mit Mars im Stier, besonders auf dessen 28. Grad bzw. mit Mars in der Waage oder im Krebs.

- Drittens ist der Mond als «versehrt» zu betrachten, wenn er sich innerhalb der sog. «verbrannten Grade» befindet. Als die «Schlimmsten» dieser gelten die zwölf Grade vor einer Opposition [d.i. Vollmond] mit der Sonne, wo auch immer sich Letztere gerade befindet [vgl. auch 11. Erwägung].

- Geschwächt ist der Mondviertens auch im Falle einer Konjunktion, einer Opposition oder einem Quadrat zu einem der «Übeltäter» Saturn oder Mars, sofern er sich bezüglich dieser nicht in einer «vollständigen Rezeption» befindet.

Im Falle einer solchen «Rezeption» hält sich die Benachteiligung des Mondes in engen Grenzen, während es sich ohne Hilfe einer solchen [«Rezeption»] jedoch um eine ernsthafte Behinderung handelt, sofern der «Übeltäter» sich nicht mindestens in zwei seiner «minderen Würden» [d.i. Triplizität, Grenzen, Gesicht] befindet, wie beispielsweise Saturn innerhalb der letzen vier Grad Zwillinge, wo er in seinen «Grenzen» und [bei Tag] in seiner «Triplizität» steht; oder Mars in den letzten zehn Fischegraden, wo er sich in seinem «Gesicht» und [nachts, gemäss Lilly auch bei Tage] in seiner «Triplizität» befindet.

- Fünftens ist von einer Schwächung des Mondes auszugehen, wenn er sich in der Nähe, sprich innerhalb von je 12°, des «Drachenkopfs» [d.i. der «aufsteigende Mondknoten»] bzw. «-schwanzes» [d.i. der «absteigende Mondknoten»] befindet, denn dies sind die Orte seiner Verfinsterung [d.h. wo eine Mondfinsternis stattfinden kann].

- Auch wenn sich der Mond in den Zwillingen befindet, ist er als geschwächt zu werten, da dieses Zeichen, vom Monddomizilzeichen Krebs aus gezählt, das Zwölfte ist.

- Von einem versehrten Mond ist siebtens auszugehen, wenn dieser sich durch die letzten Grade eines Sternzeichens läuft, da sich dort, mit Ausnahme der sechs letzten, von Jupiter beherrschten Graden des Löwen, sämtlich die «Grenzen» Saturns befinden.

Im Löwen findet sich die entsprechende Schwächung des Mondes hingegen in seinen ersten acht Graden, da Saturn im Löwen dort seine «Grenzen» hat.

So gesehen müsste der Mond auch in den ersten sechs Krebsgraden benachteiligt sein, da sich dort die «Grenzen» des Mars befinden. Ich bin jedoch nicht dieser Meinung, da sich der Mond im Krebs in seinem «Domizil» und daher in seiner maximalen Stärke befindet.

- Achtens stösst der Mond im 6., 8. bzw. 12. Haus (da von dort aus keines Aspektes mit dem Aszendenten fähig) auf Hindernisse.

Dies gilt auch für den Fall, wenn der Mond seitens eines Planeten, der sich in einem dieser Häuser befindet, Aspekte empfängt, oder auch, falls er sich im 3. Haus befindet, da dieses von den Kardinalpunkten [d.h. den Horoskopachsen AC-DC bzw. IC-MC] aus gesehen ein «fallendes Haus» ist.

Dabei ist allerdings die Tatsache zu berücksichtigen, dass sich der Mond im dritten Haus in seiner «Freude» befindet (er sich dort also vergnügt zeigt), was zur Folge hat, dass seine Position dort als weniger nachteilig zu bewerten ist wie in den übrigen «fallenden Häusern» [also auch besser als im Neunten, und als in den bereits weiter oben abgehandelten Häusern sechs und zwölf].

- Neuntens gilt es als für den Mond nachteilig, falls er innerhalb der «Via combusta» [lat. «verbrannter Weg»] steht, d.i. zwischen 15° Waage und 15° Skorpion.

- Zehntens hat der Mond als versehrt zu gelten, wenn er sich «im Leerlauf» befindet, ohne [applikativen] Aspekt zu einem anderen Planeten, [bevor er das Zeichen, in dem er steht, verlässt]. Ist er dort auch noch ohne Würde, wird er auch «verwildert» oder «verödet» genannt.

- Auch wenn er langsam läuft [d.i. zwischen 15° Stier und 15° Skorpion], ist er elftens, analog einem rückläufigen Planeten, als geschwächt zu betrachten.

- Zwölftens ist der Mond als geschwächt zu werten, wenn er kurz vor Ende eines Lunarmonats [d.i. kurz vor Leermond], nur noch als schmale, abnehmende Sichel bzw. bereits gar nicht mehr sichtbar «nach Licht dürstet».

- Dreizehntens: wenn er sich zwischen den beiden Übeltätern [Saturn und Mars] in «Belagerung» befindet.

- Vierzehntens gilt der Mond bei Stand innerhalb der «Azimenischen Grade» [6°-10° Stier; 9°-15° Krebs; 18°/27°/28° Löwe; 19°/28° Skorpion; 1°/7°/8°/18°/19° Schütze; 26°-29° Steinbock; 18°/19° Wassermann] als versehrt.

- Fünfzehntens: falls er in den «quellenden Graden» steht.

- Sechzehntens: bei Stand in den «rauchigen Graden».

- Siebzehntens und Letztens: bei Stand in denjenigen Graden, die als die «Dunklen» bezeichnet werden.

Die dazu nötigen Angaben finden sich in den meisten Astrologiebüchern.

6.

Die sechste Erwägung beleuchtet die zehn Merkmale entkräfteter oder geschwächter, angeschlagener Planeten und steht dabei in einigem Zusammenhang mit den obigen Erwägungen bezüglich des Mondes.

- Ein Planet findet sich erstens geschwächt, wenn er in einem der «fallenden Häuser» steht, aus denen heraus er keinen Aspekt auf das Aszendentenzeichen zu werfen vermag [d.i. Haus 6 und Haus 12].

- Schwächend auf einen Planeten wirkt sich zweitens aus, wenn er «rückläufig» ist.

- Drittens, wenn er «verbrannt» ist, d.h. sich [dann, da von der Sonne überblendet für das Auge unsichtbar] der Sonne im Umkreis von 15° voraus oder hinterher läuft.

Die «Verbrennung» wirkt sich auf die «unteren Planeten» [Merkur und Venus] entkräftender aus, falls sie, was in ihrer «rückläufigen» Phase der Fall ist, von der Erde aus gesehen, *hinter* der Sonne durch laufen, als wenn sie die Sonne «direktläufig» vorne herum passieren.

- Viertens wirkt es sich auf einen Planeten schädlich aus, wenn er, ohne «Rezeption», in Opposition, Konjunktion oder Quadrat zu einem Übeltäter [d.i. Saturn oder Mars] steht.

- Fünftens findet sich ein Planet dann geschwächt, wenn er sich in «Belagerung» zwischen den beiden Übeltätern [Saturn und Mars] befindet, d.h. wenn er ohne «vollständige Rezeption» [d.i. wenn er vor Verlassens des Zeichens, in dem er gerade steht, noch einen Aspekt zu seinem «Dispositor» bildet] bezüglich Sternzeichen, Erhöhung oder zweier minderer Würden wie Triplizität, Grenzen, Gesicht, vom Aspekt mit dem einen [Übeltäter, d.i. Saturn bzw. Mars] kommend geradewegs in einen Aspekt mit dem andern [Übeltäter] läuft.

- Sechstens nimmt die Kraft eines Planeten Schaden, wenn er sich von einem selber im «Exil» oder im «Fall» stehenden zweiten Planeten aspektiert sieht [z.B. Fische-Saturn bei einem Trigon zu *Krebs-Mars*; oder Löwe-Venus im Quadrat zu *Stier-Mars*; oder Wassermann-Mond in Opposition zu *Löwe-Saturn*].

- Siebtens wirkt es sich auf einen Planeten nachteilig aus, wenn er einen Aspekt mit einem sich in einem «fallenden Haus» befindenden Planeten bildet [gemeint sein dürfte vor allem das 6. und 12. und weniger die Häuser 3 und 9]; oder auch, falls er sich von einem Planeten trennt, von dem er «empfangen» wurde [d.i. von seinem «Dispositor»], um darauf einen weiteren Planeten zu aspektieren, mit dem keine «Rezeption» besteht.

- Achtens, wenn ein Planet «peregrin» ist, d.h. falls er sich an einem Ort befindet, wo es ihm an jeglicher «essentiellen Würde» [d.i. «Domizil», «Erhöhung», «Triplizität», «Grenze», «Gesicht»] gebricht; oder wenn er, als einer der «oberen Planeten» [Saturn, Jupiter, Mars] der Sonne [als «Abendstern»] nachfolgt, bzw. er als einer der «unteren Planeten» im Begriff ist [Venus, Merkur, Mond] die Sonne, indem er ihr [als «Morgenstern»] vorangeht, auch noch einzuholen.

- Neuntens wirkt es sich auf einen Planeten schädlich aus, wenn er, ohne nördliche oder südliche Breite [d.i. genau auf der Ekliptik], in der Nähe des «Drachenkopfs» [«aufsteigenden Mondknoten»] oder «Drachenschwanzes» [«absteigenden Mondknoten»] steht.

- Zehntens schwächt sich ein Planet, wenn er, verwildert, oder ohne Rezeption, im siebten Haus seines Eigenen [d.h. in seinem Exil] steht.

Dies sind die Einschränkungen der Planeten, welche in Geburts-, Frage- und Elektionshoroskopen Hindernisse, Verzögerungen und Gefahren anzeigen und über die der Astrologe bestens Bescheid zu wissen hat.

Es existieren gar noch ein paar weitere Beschränkungen, welche man kennen sollte. Um jedoch allfälliger Langeweile und Verwirrung zuvorzukommen, spare ich diese vorläufig noch aus.

7.

Die siebte Erwägung bezieht sich auf die Fälle, in denen der Astrologe Irrtümern und Fehlern ausgesetzt ist, und von denen die Gelehrten vier aufzählen:

1. Wenn sich der Fragesteller als zu albern erweist, als dass er richtig zu fragen verstünde, noch dass er überhaupt weiss, was er will.

2. Wenn über die Geburtszeit bzw. den Zeitpunkt der Fragestellung Irrtum besteht.

3. Wenn der Künstler [d.i. der Astrologe] nicht weiss, ob die Sonne den Mittagspunkt [d.i. die «Himmelsmitte» bzw. MC] bereits überschritten hat, ob sie genau am Zenit steht oder vor oder hinter diesem platziert ist.

4. Wenn sich die «Wohl-» und «Übeltäter» gleich stark zeigen. Zu solchen Zeiten sollte der Astrologe keine Fragen in Empfang nehmen.

Gemäss meiner Meinung sollten noch drei weitere Fehlerquellen beachtet werden, die ein Astrologe vermeiden sollte:

1. Wenn der Kunde, so wie es viele tun, ihn bloss testen oder veräppeln will; indem er sagt: «Lass uns diesen Astrologen aufsuchen und ihn irgendetwas Beliebiges fragen, so dass wir sehen, was er taugt». Dies ähnlich der Juden in Bezug auf unseren Herrn Jesus Christus, um diesen zu umgarnen und in Versuchung zu führen.

2. Der Künstler neigt auch zu Irrtümern, wenn der Klient aus keiner ernsthaften oder festen Absicht heraus fragt,. Ein Fall, der sich zutragen kann, wenn z.B. jemand per Zufall einem Astrologen begegnet oder sich in nicht-astrologischem Zusammenhang mit einem solchen trifft. Oder auch, wenn dem Fragesteller etwas aus heiterem Himmel in den Sinn kommt und er diesbezüglich, gleichsam nebenbei, dem Astrologen eine Frage stellt. In diesen Fällen geschehen mit höchster Wahrscheinlichkeit Irrtümer.

Nun wird der Leser fragen: «Wie soll ich als Astrologe wissen, ob der Fragesteller aus ernsthafter Absicht zu mir kommt oder bloss, um mich zu prüfen?»

Worauf ich entgegne, dass es sich in der Tat um einen ausgesprochen heiklen und schwierigen Punkt handelt; wobei ich oft erlebt und als wahr erkannt habe, dass wenn sich der Aszendent im Augenblick der Fragestellung sehr nahe an einer Zeichengrenze befand, so dass er sich dabei gleichsam zwischen zwei Zeichen zu befinden schien, dies als Zeichen mangelnder Ernsthaftigkeit seitens des Fragestellers zu werten ist.

In solchen Fällen pflege ich einem Fragesteller folglich den entsprechenden Bescheid zu geben; und zwar eben diesen, dass es der Frage an der nötigen Ernsthaftigkeit mangle oder dass damit wohl versucht werde, mich bloss zu prüfen.

Viele Klienten gestanden mir darauf, dass dem tatsächlich so sei und sie fingen an zu glauben, dass ich mehr wüsste als sie gedacht hätten.

Ich beschied ihnen jeweils: «Bete, mein Freund, und vergeude nicht meine Zeit, bevor du ernsthafte Fragen zu stellen hast, da ich der Meinung bin, dass du mich bloss veräppeln möchtest, indem du falsche Fragen stellst.

Jedenfalls, wenn du mir zu deinem blossen Vergnügen schon in Verruf zu bringen versuchst, so gönn mir dafür wenigsten diese Befriedigung.» Und hoppla, wie auf frischer Tat ertappt: weg waren sie.

3. Eine dritte Quelle von Irrtümern findet sich dann, wenn der «Aszendentenherrscher» eines Horoskops nicht mit seinem «Stundenherrscher» übereinstimmt, und zwar auch nicht bezüglich «Triplizität»; oder falls das Äussere des Fragestellers [d.i. seine Kleidung, Miene und das Auftreten] nicht mit dem Aszendenten übereinstimmt.

Dies sind Hinweise, dass die Frage nicht «radikal» [d.h. nicht aus der Tiefe des Herzens kommend] ist, wie ich oft durch Erfahrung bestätigt fand.

Dies gebe ich hier wieder, damit der Leser wisse, gegenüber welchen Klienten er Deutungen abgeben soll, so dass man sagen kann: «Der Gegenstand der Angelegenheit entspricht der Sorge des Klienten, und zwar derart, dass er aus Not, Besorgnis, Tiefgang und der Hoffnung und im Glauben frägt, dass der Astrologe die Kompetenz besitze, ihn mit der Wahrheit über die Angelegenheit zufrieden zu stellen.

Also sollte man sich nur unter diesen Voraussetzungen an die Beantwortung einer Frage wagen.»

8.

Nachdem man den Mond und die Planeten auf ihre weiter oben abgehandelten, insgesamt dreissig Beeinträchtigungen hin untersucht hat, hat der Astrologe sein Augenmerk ausserdem auf die verschiedenen «Freuden» der Planeten zu richten.
Deren sind vier:
- Erstens: Die Häuser, in denen ein Planet je seine «Freude» hat.
Das ist für Merkur das erste Haus; den Mond das Dritte, bezüglich Venus das Fünfte, für Mars das Sechste, für die Sonne das Neunte, für Jupiter das Elfte, sowie für Saturn das Zwölfte.
- Zweitens: Die Sternzeichen, in denen die Planeten ihre «Freude» haben,; also Saturn im Wassermann, Jupiter im Schützen, Mars im Skorpion, die Sonne im Löwen, Venus im Stier, Merkur in der Jungfrau und schliesslich der Mond im Krebs.
- Drittens: Wenn sich die «Tagesplaneten» Saturn, Jupiter und Sonne, sowie Merkur, der Sonne als Morgensterne vorangehend in «Tagzeichen» [d.i. Feuer- oder Luft] in Aszendentennähe befinden; bzw. die «Nachtplaneten» Mars, Venus, der [in diesem Fall zunehmende] Mond, sowie der [«westliche»] Merkur im Gefolge der Sonne [d.h. als Abendsterne] in «nächtlichen Zeichen» [d.h. Wasser oder Erde] in der Westhälfte des Horoskops [Häuser 4 bis 9] und dabei spezifisch in der Nähe des Deszendenten.
- Viertens: bei Stellung der drei «oberen Planeten» Saturn, Jupiter und Mars in einem «männlichen Quadranten», d.h. zwischen der Himmelsmitte [MC] und dem Aszendenten [4. Quadrant], wie auch zwischen der Himmelstiefe [IC] und dem Deszendenten [2. Quadrant].

Und bei den «weiblichen», der «unteren» [Planeten], d.h. bei Venus und Mond in einem «weiblichen» Quadranten, d.h. im Ersten [d.h. in den Häusern eins bis drei] bzw. Dritten [d.i. in den Häusern sieben bis neun].

Bei Merkur verhält es sich dabei so, dass er sich in der Umgebung von «männlichen Planeten» [d.i. Saturn, Jupiter, Mars bzw. Sonne], also gemeinsam mit diesen in einem der «männlichen Quadranten» [erhöhter Würde] ebenso erfreut, wie wenn wir ihn zusammen mit weiblichen Planeten [Venus, Mond] in einem weiblichen Quadranten [sprich dem 1. bzw. 3.] vorfinden.

9.

Die neunte Erwägung befasst sich mit den verborgen und offenkundig, förderlichen und hinderlichen Einflüssen in Bezug auf die Erfüllung bzw. Vereitelung einer Angelegenheit.

Diese Einflüsse lassen sich in folgendes, 21 Stufen zählendes Schema einteilen:

1. Ein stärkster heimlicher Förderer.
2. Ein sehr starker heimlicher Förderer.
3. Ein starker [heimlicher] Förderer.
4. Ein schwacher heimlicher Förderer.
5. Ein schwächerer heimlicher Förderer.
6. Ein schwächster heimlicher Förderer.
7. Ein stärkster manifester Förderer.
8. Ein sehr starker manifester Förderer.
9. Ein starker manifester Förderer
10. Ein schwacher manifester Förderer.
11. Ein schwächerer manifester Förderer.
12. Ein schwächster manifester Förderer.
13. Ein stärkster heimlicher Widersacher.
14. Ein sehr starker heimlicher Widersacher.
15. Ein starker heimlicher Widersacher.
16. Ein schwacher heimlicher Widersacher.
17. Ein schwächerer heimlicher Widersacher.
18. Ein schwächster heimlicher Widersacher.
19. Ein stärkster manifester Widersacher.
20. Ein sehr starker manifester Widersacher.
21. Ein starker manifester Widersacher.

Wir werden diese Einflüsse im Einzelnen abhandeln, da es sich dabei um ein tiefes Geheimnis handelt.

Im stundenastrologischen Teil [Bonatti spricht hier vom Beurteilungsteil] der Astrologie, fand ich, abgesehen von «Ali Ben Ragel» [tunesischer Hofastrologe der 10./11. Jhd.], der dieses Thema in seiner Exposition des 29. «Centiloquiums» des «Ptolemäus» gestreift hat, nichts, was die Alten diesbezüglich erörtert hätten.

Ich glaube auch nicht, dass sie dieses Thema aus Unwissenheit ausgelassen haben, sondern eher wegen mangelndem Gebrauch bzw. aus Furcht, als weitschweifig zu gelten und den Geist ihrer Leser- und Zuhörerschaft damit übermässig zu belasten, da diese es gewohnt war, Deutungen gemäss Stellung der Planeten in Häusern und

Zeichen, deren Stärken und Schwächen, sowie des Glückspunkts und einiger weiterer Deutungselemente vorzunehmen.

Man sollte jedoch in seinen Deutungen nicht nur diese Elemente, sondern sämtliche vorhandenen Umstände berücksichtigen, denn bei der Erstellung eines Horoskops, geht es in erster Linie einmal um das Auffinden des «Signifikators» der erfragten bzw. unternommenen Angelegenheit.

Daraufhin gilt es zu prüfen, ob sich bezüglich dieses «Signifikators» ein Fixstern von selbiger Natur wie dieser entweder im gleichen Zeichen, im Erhöhungsgrad des «Signifikators», respektive mit Letzterem in bogenminutengenauer Konjunktion befindet, da dann dieser Fixstern den «Signifikator» soweit unterstützt, dass sich die Angelegenheit in einem Ausmass erfüllt und von Erfolg gekrönt sein wird, welche die Hoffnungen des Klienten übertrifft.

Dabei handelt es sich um den besagten «stärksten heimlichen Förderer», so dass sich der Klient wundern wird, wie ein solches wohl möglich war.

Befindet sich der Fixstern im Umkreis von 1' bis 15' vor oder hinter dem «Signifikator», wird er gleichwohl eine förderliche Wirkung entfalten, obwohl eine weniger starke, wobei wir dann von einem «sehr starken heimlichen Förderer» sprechen.

Findet sich der Fixstern im Umkreis von 16' bis 50' vom «Signifikator», so wird er von einiger Unterstützung sein, jedoch bereits weniger; so dass wir in einem solchen Fall von einem «starken heimlichen Förderer» reden können.

Befindet sich der Fixstern innerhalb desselben Grades wie der «Signifikator» im Abstand von 0' bis 16' [hier ist wohl in Analogie zum oben angegebenen eher an 15' zu denken] an einer Stelle, wo letzterer zwei mindere «Würden» [d.i. Triplizität, Grenze, Gesicht] geniesst, wird er noch weniger Hilfe bieten. Es handelt sich dabei dann um einen «schwachen heimlichen Förderer».

Bei einem Orb zwischen 16' und 50' wird die förderliche Wirkung noch schwächer ausfallen und wir haben es so mit einem «schwächeren heimlichen Förderer» zu tun.

Kommen dem «Signifikator» an dieser Stelle jedoch keinerlei «Würden» zu [wenn er also «peregrin», «im Fall» oder im «Exil» steht], wird der betreffende Fixstern immer noch eine gewisse Unterstützung bieten, jedoch eine kaum fühlbare; wobei es sich eben um einen «schwächsten heimlichen Förderer» handelt.

Dasselbe in gegenteiliger Form lässt sich über diejenigen Einflüsse sagen, welche ein Unternehmen schädigen, es vereiteln oder behindern.

Befindet sich der «Signifikator» einer Angelegenheit in einer Position ohne jede «Würde» [d.i. «peregrin», «im Fall» oder im «Exil»] und gleichzeitig nahe einem Fixstern konträrer Natur, so wird ihn dies schwächen und die Angelegenheit wird nicht von Erfolg gekrönt sein, selbst wenn Letzteres durch die übrigen Konstellationen des Fragehoroskops wahrscheinlicher scheint.

Ein solcher Einfluss kann dann eben dazu führen, dass ein Künstler [d.h. Astrologe], der ihn ignoriert, in Misskredit gerät und der Kunst [d.h. Astrologie] in den Augen der Unwissenden Schmach bereitet, denn es handelt sich in diesem Falle um einen «stärksten heimlichen Widersacher».

Befindet sich der Fixstern im Abstand von mehr als 16' vom «Signifikator», wird er auf ihn seinen hinderlichen Einfluss behalten, jedoch nicht mehr so stark, da es sich dann nur noch um einen «starken heimlichen Widersacher» handelt.

Im selben Stil geht es durch sämtliche Gradabstände weiter, wie weiter oben bei den Förderern beschrieben.

Von den verschiedenen, gerade abgehandelten 21 Spielarten und welche davon die stärksten Förderer sind etc. und welche die mächtigsten Behinderer.

Die verschiedenen Spielarten sind somit bekannt und bestimmt:

Ein «stärkster manifester Förderer» und damit hilfreiche Ursache liegt dann vor, wenn sich der «Signifikator» einer Angelegenheit in seinem eigenen Zeichen [d.i. seinem «Domizil»] rasch vorwärts laufend bogenminutengenau auf einer Achse [AC-DC bzw. IC-MC] befindet und sich zudem frei von jeder Einschränkung und Verletzung in einer «Rezeption» befindet; was allerdings höchst selten vorkommt.

Ein «sehr starker manifester Förderer» finden wir mit einem «Signifikator» in seinem «Domizil» oder in seiner «Erhöhung» innerhalb von ein, zwei Grad Abstand von einer Achse, frei von Einschränkungen und «in Rezeption»; was immer noch sehr selten vorkommt.

Um einen «starken manifesten Förderer» handelt es sich, wenn der «Signifikator» zwischen drei und fünf Graden Abstand an einer Achse steht.

Einen «schwachen manifesten Förderer» finden wir im Falle eines unbeschädigten Planeten in zwei seiner minderen «Würden» innerhalb von fünf Grad vor bzw. 15 Grad nach einer Achse, bzw. in seinem «Domizil», seiner «Erhöhung» in einem fixen Zeichen [d.i. Stier, Löwe, Skorpion, Wassermann].

Mit einem «schwächeren offenen Förderer» haben wir es zu tun, wenn der «Signifikator» in einem fallenden Haus in seinem «Domizil», in seiner «Erhöhung» oder in einer minderen «Würde» steht und dabei jedoch einen Aspekt zum Aszendenten bildet [was praktisch nur bei Stellungen in den Häusern drei und neun möglich ist].

Einen «schwächsten manifesten Förderer» habe wir vor uns, wenn der «Signifikator» in einer seiner höheren «Würden» []d.i. «Domizil» oder «Erhöhung»] steht, ohne dabei Kontakt zum Aszendenten zu haben [d.h. wenn er sich in den Häusern 6, 8 oder 12 befindet].

Oder bei Stand in einer seiner minderen «Würden» ohne Kontakt zu Aszendenten.

Oder wenn er einen Planeten aspektiert, welchem der Kontakt zum Aszendenten fehlt [der sich also in einem der Häuser 6, 8 oder 12 befindet], dort jedoch einige «Würden» besitzt.

Von einem «stärksten offenen Widersacher» ist die Rede, wenn der «Signifikator» sich in einem Zeichen befindet, an dem es ihm an jeglicher «essentiellen Würde» gebricht, sowie in einem ohne «Freude» im sechsten oder zwölften Haus, ohne dabei die Unterstützung einer allfälligen «Rezeption» zu geniessen und falls er zudem von den beiden «Übeltätern» [d.i. Mars und Saturn] belagert ist; umso schlimmer, wenn er dazu noch mit einem Schaden stiftenden Fixstern in Verbindung steht etc.

Es mag, nebst den eben abgehandelten, andere offen oder heimlich förderliche bzw. hinderliche Ursachen geben; von den Konjunktionen von Planeten und deren Aspekten ausgehend. Sie hier alle aufzuzählen wäre jedoch zu ermüdend. Das gleiche gilt für eine ausführlichere Abhandlung der oben erörterten Einflüsse, wobei ich betone, dass diese neunte Erwägung bei sorgfältiger Beachtung, will man zu wahrhaftigen und seriösen Deutung gelangen, grossen Nutzen bietet.

Dies gilt umso mehr, wenn man ein stetes Auge auf den Mond wirft, da dieser von allen Planeten, analog der Art von der Gattung und der Einzelne von der Art, die grösste Ähnlichkeit und Übereinstimmung mit den irdischen Angelegenheiten, ob allgemeiner und spezifischer Art, aufweist.

Mittels seiner sich täglich ändernden Gestalt, wegen seiner kürzesten Umlaufzeit aller Planeten und seiner grössten Erdnähe, steht der Mond für die bezüglich der Lebensvorgänge und Lebewesen so typische wie häufige Wandelbarkeit bis hin zu elementaren Umwälzungen in der belebten und unbelebten Natur, so dass er als Mittler zwischen den himmlischen und irdischen Ereignissen auftritt.

Und wie wir ihn in seiner Neumondphase dünn und unscheinbar über den Himmel ziehen sehen; sich seine Leuchtkraft darauf jedoch unablässig verstärkt, bis er uns sein mit voller Leuchtkraft erfülltes Gesicht zuwendet, um darauf bis hin zum gänzlichen Verschwinden kaum merklich wieder abzunehmen; so verhält es sich mit den Verstandes-, Instinkt- und vegetativen Dingen genauso. Und entsprechend wachsen wir Menschen, sowie alle anderen Dinge zur uns bestimmten Körpergrösse aus und entwickeln wir uns, um danach bis zum Tode hin einer unablässigen Ermattung und Gebrechlichkeit anheim zu fallen.

Daher die Notwendigkeit der Beachtung des Mondes bei jeder Frage, jeder Geburt, jeder Unternehmung und jedem Geschäft, damit aus dessen günstigen oder ungünstigem Mondstand die positive respektive negative Qualität der jeweiligen Angelegenheit abgelesen werden kann.

Die Eigenschaften und Stärke des Mondes ist derart bedeutend, dass wenn sich der «Aszendentenherrscher» oder ein anderer «Signifikator» eines Unternehmens als zu geschwächt und angegriffen zeigen, als dass man damit auf den erwünschten Erfolg hoffen kann, die Sache bei einem gleichzeitig stark gestellten Mond trotzdem noch zu einem guten Ende zu kommen vermag.

Der Mond kann durchaus als letzte Entscheidungsinstanz aller Angelegenheiten, als der Realisator der übrigen planetaren Einflüsse und auch als eine Art «Internuntius» [= Abgesandter] zwischen diesen betrachtet werden, wenn er nämlich mit einem Aspekt zu einem Planeten, dessen Qualitäten und Eigenheiten aufsaugt, um diese dann [in einer sog. «Übertragung des Lichts»] mit einem weiteren Aspekt einem Nächsten weiter zu geben und auf diesen zu übertragen.

Einige Autoren, wie beispielsweise der Tyrann «Ezzelino da Romano», fanden, dass der Mond die mit einem Planetenaspekt einmal aufgenommenen Qualitäten an *alle*, ihn in seinem Lauf weiter begegnenden Planeten weiter übertragen würde; wobei einige Autoren glaubten, «Zael»* habe das Gleiche gesagt, obwohl dessen Ansicht damit nicht genau übereinstimmte, da er der Meinung war, dass der Mond zwar aufnehme und weiter trage, was ihm begegne, er jedoch nicht alles auf alle übertrage, womit ich übereinstimme. Denn wenn der Mond mit dem jeweiligen Planeten, der ihn empfängt, verbunden ist, dann färben die Eigenschaften dieses Planeten auf den Mond ab und dieser führt sie mit sich, um sie daraufhin an denjenigen Planeten weiterzureichen, auf den er in irgendeiner seiner «Würden» zuerst trifft, und nicht zu einem Weiteren.

Dies gemäss dem Aphorismus «Ein Planet gibt an einem Ort, wo er nichts versprochen hat, auch nichts ab.»

* «Sahl ibn Bishr», ein im frühen 9. Jh. in Bagdad wirkender jüdischer Astrologe persischen Ursprungs. Er ist der Verfasser einiger für das Frühmittelalter wichtiger astrologischen Abhandlungen, die in der griechischen astrologischen Tradition standen.

10.

Bei der zehnten Erwägung geht es darum, dass der Astrologe stets sorgfältig prüfe, welche Fixsterne eine Angelegenheit unterstützen bzw. behindern, da sie oft grossen Einfluss entfalten und damit den Astrologen irreführen können. Der Künstler [Astrologe] hat also der Stellung der Fixsterne und deren «Präzession» auf dem Zodiak in seinen Deutungen stets die erforderliche Beachtung zu schenken.

Anmerkung: Die jährliche «Präzession» der Fixsterne entlang dem Tierkreis beträgt 50' 25".

11.

Die elfte Erwägung befasst sich mit den «böswilligen» Planeten Saturn und Mars, denen insofern Beachtung zu schenken ist, da sie von Grund auf Unbill stiftender Natur sind. Saturn wegen seines Übermasses an Kälte und Mars wegen seiner Hitzigkeit; wobei dies nicht im physikalischen Sinne zu verstehen ist, sondern im Übertragenen und in Bezug auf ihre Wirkungsweise.

Saturn und Mars lassen grundsätzlich Übel, Schaden und Hindernisse vermuten; ausser sie «empfangen» [«Rezeption»] den «Signifikator» oder den Mond in ihrem «Domizil», ihrer «Erhöhung» oder in zwei ihrer minderen «Würden» [d.h. bei «Signifikator»/Mond im Steinbock oder Wassermann bzw. im Widder bzw. Skorpion; oder eben auch in Saturn's «Erhöhung» Waage bzw. Mars' «Erhöhung» Steinbock; respektive bei Tag in einem Luft- und bei Nacht in einem Wasserzeichen, d.h. in der jeweiligen «Triplizität» von Saturn bzw. Mars. Dies gilt weiter abgeschwächt bei Stand von «Signifikator»/Mond innerhalb Saturns bzw. Mars' «Grenzen» und «Gesichter», d.h. in Bezug auf Mars: 1-10/ 21-25 Widder; 28-30 Stier; 10-20/19-24 Zwillinge; 1-7 Krebs; 20-30/25-30 Löwe; 22-28 Jungfrau; 29-30 Waage; 1-7/1-10 Skorpion; 28-30 Schütze; 10-20/27-30 Steinbock; 21-25 Wassermann; 20-28/20-30 Fische.

In Bezug auf Saturn: 26-30 Widder; 20-30/23-27 Stier; 25-30 Zwillinge; 28-30 Krebs; 0-10/12-18 Löwe; 29-30 Jungfrau; 1-6/10-20 Waage; 25-30 Skorpion; 20-30/24-27 Schütze; 23-26 Steinbock; 26-30 Wassermann; 0-10/29-30 Fische].

Ihre Böswilligkeit hält sich ausserdem in Grenzen, wenn sie [Saturn bzw. Mars] in einer Angelegenheit höchstselbst «Signifikator» sind. Sie schwächen oder behindern in einem solchen Fall mit ihrem Aspekt einen weiteren «Signifikator» [bzw. den Mond, der ja stets auch «Signifikator» ist] nicht; und zwar unabhängig davon, ob es sich dabei um einen harmonischen [Sextil, Trigon] oder disharmonischen [Quadrat, Opposition] Aspekt handelt.

«Empfangen» sie den betreffenden «Signifikator» jedoch nicht [d.h. falls dieser nicht in ihren Würden steht], verstärkt sich die «Böswilligkeit» ihrer Aspekte gar noch, und dies in besonders ausgeprägtem Masse bei Quadrat und Opposition, da im Falle eines Sextils oder Trigons der üble Einfluss vermindert ist.

Dennoch scheint «Zael» der Meinung zu sein, dass die «Übeltäter», werfen sie Trigone und Sextile, ihre «Übeltätertum» ablegen oder bremsen. Damit meinte er jedoch bloss, dass sie dann weniger Unheil stiftend seien, und nicht, dass sie ihr «Schädigungspotential» in einem solchen Fall ganz ablegen würden.

12.

Die zwölfte Erwägung befasst sich mit der Bedeutung der «Wohltäter», womit Jupiter und Venus gemeint sind. Da von Natur aus ausgewogen, sagt man diesen nach, dass ihnen jede «Böswilligkeit» abgehe und sie, ausser bisweilen versehentlich, niemandem wehtun. Vielmehr pflegen sie einen freundschaftlichen und gewinnenden Eindruck zu hinterlassen und finden sich stets bemüht, sich gegenüber Ihresgleichen, wie Anderen hilfreich zu zeigen, unabhängig davon, ob diese sie empfangen oder nicht, und umso mehr, falls sie sie empfangen [d.h., wenn diese Planeten im Stier, Krebs, Waage, Schütze, in den Fischen, in ihrer «Triplizität» (d.h. tags in einem Erd- oder Wasser-, nachts in einem Feuerzeichen), in ihren «Grenzen» bzw. ihrem «Gesicht» stehen], wobei ihr Trigon und Sextil vorteilhafter wirkt als ihr Quadrat und ihre Opposition.

13.

Bei der dreizehnten Erwägung geht es um die Sonne, die, sofern sie einen anderen Planeten mit Sextil, Quadrat oder Trigon aspektiert, ebenfalls zu den «Wohltätern» gezählt werden kann.

Finden wir die Sonne jedoch in Opposition und vor allem in Konjunktion, so hat sie als «Übeltäter» zu gelten, sobald nämlich ein sich in ihrer Umgebung befindender Planet in ihren Verbrennungsradius gerät und damit Unglück anheim fällt; ausser er befindet sich im «Herzen der Sonne» [«Cazimi»], wo jeder Planet gestärkt wird.

14.

Die vierzehnte Erwägung behandelt Merkur und Mond, die wegen ihrer wechselhaften Natur die Bedeutung der sie aspektierenden Planeten annehmen.

15.

Die fünfzehnte Erwägung betrachtet auf allgemeine Weise die verschiedenen Arten, auf die Planeten die irdischen Angelegenheiten günstig bzw. ungünstig beeinflussen; wobei die «Wohltäter» von Natur aus einen begünstigenden Einfluss entfalten, genauso wie die «Übeltäter» einen Schädlichen. Dies führt dazu, dass, wo man die «Wohltäter» am Werk sieht, generell auf Gutes hoffen kann, und wo die «Übeltäter», Unheil befürchten muss, ausser sie finden sich gemäss der Beschreibung weiter oben im Zaume gehalten.

16.

Die sechzehnte Erwägung richtet ihr Augenmerk auf den Fall eines sich von einem der «Übeltäter» bedrängt findenden «Signifikators». Dies findet statt, wenn Saturn oder Mars, entsprechend des Umfangs ihres «Orbis» [d.i. Wirkkreises], ihre Strahlen auf die Strahlen des betreffenden «Signifikators» werfen; wobei ein solcher «Signifikator» solange als gehemmt, gehindert oder bedrängt zu betrachten ist, bis der «Übeltäter» an ihm vorbei gezogen ist.

«Zael» meint dazu: «Sobald der üble Planet um 1° am von ihm bedrängten Planeten vorbei gezogen ist, kann Letzterer als von ihm befreit gelten.»

Ich neige jedoch der Meinung zu, dass man bereits nach 1' von Befreiung und «aus dem Schneider sein» reden kann, da der «Übeltäter» den «Signifikator» danach bloss noch ängstigen kann. Natürlich vermag er ihn mit einem Abstand von 1' stärker zu ängstigen wie bei 1° und es handelt sich dabei um eine Angst, in welcher noch kein Funken Hoffnung aufglimmt.

Fragt also einer, der beabsichtigt, in eine Schlacht zu ziehen, ob er mit heiler Haut aus dieser zurückkommen wird oder nicht? Und der Aszendent steht dabei auf 13° Zwillinge, und Merkur auf 7° 54' Wassermann im 9. in Konjunktion mit Saturn, der sich auf 7° 53' Wassermann findet, so dass Merkur also gerade mit 1' Abstand dabei ist, sich von Saturn als Herrscher des Todeshauses zu trennen, dann scheint es, dass er in dieser Schlacht wegen der Konjunktion hätte sterben müssen und er sich im Moment der Todesgefahr in einer Art verzweifelter Furcht, von seinen Feinden niedergemetzelt und ohne Aussicht auf ein Entkommen verfolgt zu werden, befände. Nun wird ihm aber schliesslich, ohne dass er es sich noch hätte erträumen können, die Flucht gelingen. All dies wegen des sich gerade von Saturn trennenden Merkur.

Und «Zael» sagte dazu: «Wenn ein für eine jegliche Angelegenheit hinderlicher Übeltäter sich in einem fallenden, gegenüber dem Aszendenten aspektlosen Haus [also im 6. oder 12.] befindet, so vermag er die Sache nicht wirklich zu verhindern, sondern er wird die involvierten Personen darüber bloss in Angst und Schrecken versetzen.»

17.

Die siebzehnte Erwägung beleuchtet, ob ein Planet, der «Signifikator» ist, frei von jeder Bedrängnis seitens der «Übeltäter» sicher und gedeihlich zu wirken vermag, falls dabei nämlich ein «Wohltäter» einen Aspekt auf einen solchen «Signifikator» wirft. Die Antwort darauf lautet: dass der «Signifikator», bis zum Moment, wo der «Wohltäter» mit 1' Abstand an ihm vorbei gezogen ist und sich die Angelegenheit erfüllt hat, als sicher und beschützt gelten kann.

Befindet sich dieser «Wohltäter» jedoch bereits eine Minute hinter dem «Signifikator», so wird sich die Sache nicht erreichen lassen bzw. in Erfüllung gehen, sondern bloss Hoffnungen schüren. Dies genauso, wie (bereits ausgeführt) ein «Übeltäter», ausser Furcht zu erzeugen, entsprechend nichts wird ausrichten können. Allerdings handelt es sich um eine Hoffnung von der Art, dass der Fragende glauben und sich einbilden wird, es handle sich dabei um eine Gewissheit, obwohl nicht ohne leisen Zweifel.

Ein Beispiel: Es wird die Frage gestellt, ob ein umfangreiches und schwieriges Geschäft zur erfolgreichen Durchführung komme oder nicht? Der Aszendent befindet sich dabei auf 17° Skorpion, Mars auf 12° 13' Stier und Venus auf 12° 14' Steinbock, so dass Venus mit Mars in einem Trigon verbunden ist und ihn in ihrem Sternzeichen empfängt, während er sie seinerseits in seinem Erhöhungszeichen empfängt.

Hierbei denkt der Klient, und auch alle anderen Involvierten sind der festen Überzeugung, dass man sich mit dieser Stellung in Freundschaft finden werde. Solange der Aspekt der Venus gegenüber Mars im 1°-Orb läuft, verbleiben Alle in dieser schmeichelhaften Hoffnung, um schliesslich festzustellen, dass der Handel trotzdem auf der Strecke bleibt. Dies eben, weil die Venus im Augenblick der Fragestellung den Aspekt, und zwar knapp mit nur einer Bogenminute Orbis, bereits hinter sich hatte.

Nun ist es in einem solchen Falle trotzdem möglich, dass es zum gewünschten Geschäftsabschluss kommt, jedoch nur mit ausserordentlicher Anstrengung und Mühen.

Und dazu finden wir «Zael» bestätigen: «Wenn sich der Wohltäter in einem den Aszendenten nicht aspektierenden, fallenden [d.i. im 6. oder 12.] Haus befindet, so wird höchstens mit glänzenden Erwartungen geliebäugelt, die Angelegenheit selber bleibt jedoch stets auf der Strecke.»

18.

In der achzehnten Erwägung geht es darum, folgendes zu beachten: befindet sich ein Planet in einem Aspekt mit einem der «Übeltäter» [Mars oder Saturn], so haben wir ihn, ausser der «Übeltäter» «empfängt» den Planeten gerade [d.h. der angeschlagene Planet durchläuft Widder, Waage, Skorpion, Steinbock, Wassermann bzw. eine mindere Würde Mars' oder Saturns und wird mit dem Betreffenden noch einen Aspekt bilden], als in angeschlagenem Zustand zu werten; in Not und Aufruhr nämlich, ähnlich einem gerade überfallenen Menschen, einem, der sich, ganz auf sich allein gestellt, sich einer Übermacht erwehrend gegen den Strom schwimmen muss, oder einer, der, ohne schwimmen zu können, gerade in ein tiefes Wasserbecken gefallen ist und dabei, mit den Arm und Füssen strampelnd, gerade noch den Rand fassen und der Gefahr zu entkommen vermag, was allerdings nur selten [wohl nur im oben beschriebenen Ausnahmefall] gelingt.

Als Planet in einem «Winkel der Übeltäter», sprich von Saturn oder Mars, spricht man, wenn sich der Planet gegenüber einem dieser «böswilligen» bzw. «Kräfte raubenden» Planeten im vierten, siebten oder zehnten Zeichen [d.i. in einem Quadrat- oder Oppositionsaspekt] befindet; so wie es bei den Konstellationen Mars im Widder und Merkur im Krebs, Waage oder Steinbock der Fall ist. Dasselbe gilt auch für die Konjunktion.

«Empfängt» der Planet [hier im Beispiel Merkur] den «Übeltäter» [im Beispiel also den Widder-Mars] jedoch, so kann er von diesem nicht bedrängt werden, da eine «Rezeption» jedes Unheil abdämpft.

19.

Die neunzehnte Erwägung befasst sich mit dem «leer laufenden» Mond, wobei ein solcher auf eine Behinderung der in Frage stehenden Angelegenheit hinweist. Wenn es dabei überhaupt zu einem Resultat kommt, wird dieses dabei kein gutes Ende nehmen; eher wird der Klient dabei unter Schande und Verlust zur Aufgabe gezwungen.

20.

In der zwanzigsten Erwägung gilt es zu beachten, ob eine Verbindung [d.i. ein Aspekt] des Mondes oder Signifikators mit einem andern Planeten vorhanden ist, denn daraus vermag man zu schliessen, welche Ereignisse in der Angelegenheit bevorstehen.

Dabei gilt es zu beachten, ob der mit dem Mond oder «Signifikator» in Verbindung tretende Planet zumindest einen dieser beiden «empfängt» [sprich, sich in deren Domizil, Erhöhung oder minderen Würden befindet], da dann ein guter, rühmlicher Ausgang und insbesondere dann ein erfolgreiches zu Stande kommen zu erwarten ist, wenn es sich beim Empfänger [sprich dem Planeten] um ein «Wohltäter» handelt.

Falls der Mond oder «Signifikator» diesem Planeten Würde verleiht [d.h. sie selber in guten «essentiellen Würden» stehen], kommt die Angelegenheit auch bei fehlender Rezeption zu Stande.

Handelt es sich dabei jedoch um einen Übeltäter, gibt es bei fehlender Rezeption kein Zustandekommen, da sie ihm dann keine Würde zu verleihen vermögen.

Mit einer Rezeption hingegen, gesetzt der Planet befinde sich nicht in Bedrängnis, deutet dies auf ein gutes Ende der Angelegenheit hin, obwohl unter Mühe und Verzögerung.

21.

Hier geht es um die Frage, von welchem Planeten sich der Mond trennt, da dies anzeigt, von wo aus sich die Angelegenheit entwickelt. Trennt er sich von einem «Wohltäter», können wir einen günstigen Hintergrund annehmen; im Falle eines «Übeltäters», einen von Angeschlagenheit gekennzeichneten.

22.

Mit welchem Planeten sich der Mond gerade mit [partilem, d.h. gradgenauen] Aspekt verbunden zeigt, deutet darauf hin, was gerade im Gange ist und woraus wir den gegenwärtigen Stand der Dinge zu beurteilen haben.

23.

Auf welchen Planeten der Mond zusteuert (sprich, er sich ihm zu einem Aspekt nähert), wobei diese Verbindung erst dabei ist, sich zu bilden, lässt darauf schliessen, was in der Sache zu erwarten ist.

Will man also auf ein Ereignis hin Schlüsse ziehen, welches sich noch gar nicht zugetragen hat, richte man sein Augenmerk darauf, mit wem sich der Mond als Nächstem verbindet; wobei sich aus der Stärke der Mondstellung beurteilen lässt, ob die Entwicklung günstig oder ungünstig verläuft.

24.

Befindet sich ein «Signifikator» am Deszendent, ist mit Behinderungen in Bezug auf alle von ihm angezeigten Themen zu rechnen, wie auch mit diesbezüglicher Aufruhr und mit Kummer.

Bezieht sich die Frage auf die Verbüssung einer Gefängnisstrafe, welche der Klient befürchtet, so bedeutet diese Stellung, dass er sich dieser nicht wird entziehen können, und zwar zu seiner Schande und weiterem Nachteil.

Steckt der Klient zur Zeit der Fragestellung bereits hinter Gittern, muss von lang andauernder Haft mit grösseren Entbehrungen als erwartet, ausgegangen werden.

25.

Finden wir einen «Signifikator» «rückläufig», bzw. «im Stillstand zur Rückläufigkeit» [also in seiner «ersten Station»], lässt dies auf Unheil und Schaden, Zwietracht, Widerspruch und Rückzug unter Verlusten schliessen.

Dabei ist der «Stillstand» als weniger gravierend einzustufen als die «Rückläufigkeit», da letztere auf anhaltendes und fortdauerndes Unheil hindeutet; während der Planetenstillstand anzeigt, dass dergleichen vergangen und vorbei ist [hier kann eigentlich nur die «stationäre Direktläufigkeit», d.h. der Stillstand hin zur Direktläufigkeit, sprich zur Vorwärtsbewegung gemeint sein, während dann im Falle von anfangs erwähnten «Stillstand zur Rückläufigkeit» von sich gerade eben oder bald einstellendem Unheil in der Angelegenheit ausgegangen werden müsste].

26.

Befindet sich ein «Signifikator» in seiner «zweiten Station» [d.i. Stillstand zur Direktläufigkeit], weist dies ebenfalls auf Behinderungen und Übel, welches allerdings bereits hinter einem liegt.

Einige behaupten gar, diese «zweite Station» sei ebenso gut wie die «Direktläufigkeit». Dies ist jedoch als blosse Redensart zu verstehen. Vielmehr ist sie vergleichbar mit jemandem, der in Bezug auf eine Erkrankung über den Berg ist und man dann sagt, er sei zwar rekonvaleszent, aber noch nicht geheilt, dem Zustand der Gesundheit also erst nahe.

So wie der «erste Stillstand» nicht so übel wie die «Rückläufigkeit» ist, so ist der «zweite Stillstand» nicht so gut wie die «Direktläufigkeit» [d.i. Vorwärtsbewegung].

27.

Handelt es sich bei einem «Signifikator» um einen der «Übeltäter» [Mars oder Saturn] und steht dieser schlecht, so wird sich das von ihm angedeutete Übel in erhöhtem Masse zeigen.

Finden wir ihn jedoch in guter Verfassung, so wird sich das ihm nachgesagte Übel in stark vermindertem, milderem, beschränktem Mass und sich höchstens zögerlich äussern, so dass die [vom «Signifikator» angezeigte] Partei finden wird, sie habe ihr Anliegen gerade noch ins Ziel gebracht; es sei denn, sie [damit sind wohl die «Übeltäter» gemeint] sind in einer sehr guten Verfassung und ausgezeichnet gestellt [wobei dann das Ziel gar ohne nennenswerte Probleme erreicht wird].

28.

Befindet sich ein «Signifikator» in «langsamem Lauf», so ist bei der damit verbundenen Angelegenheit mit Verzögerungen zu rechnen. Befindet sich diese noch in ihrem Anfangsstadium, mit Verzögerungen von der Art, dass die damit verbundene Angelegenheit kaum je zu ihrem Ende findet.

Nebenbei gesagt, entwickeln sich die Angelegenheiten mit «Signifikatoren» im Schützen, Steinbock, Wassermann oder den Fischen langsam. Das Gleiche gilt, wenn es sich bei den «Signifikatoren» um die Herrscher jener Zeichen [also um Jupiter bzw. Saturn] handelt, da diese ja von Natur aus langsam laufende Gestirne sind.

Im Widder oder Skorpion ist die Verzögerung bereits geringer.

Im Löwen beschleunigen sich die Dinge; und umso mehr im Stier und in der Waage, am stärksten jedoch in den Zwillingen und in der Jungfrau.

29.

Befindet sich der Mond in bogenminutengenauer Verbindung [d.i. Aspekt] mit einem Planeten, so zeigt dies den gegenwärtigen Stand der Dinge an. Zieht man, davon ausgehend, den Planeten, den der Mond als nächsten aspektieren wird in Betracht, so ist dieser Planet «Signifikator» von allem, was in der Angelegenheit noch geschehen wird.

Entsprechend sagt der zuletzt vom Mond aspektierte Planet etwas darüber aus, was in der Sache bereits geschehen ist.

30.

Läuft ein «Signifikator» bzw. der Mond im letzten Grad, oder mehr noch in der letzten Bogenminute eines Zeichens, so besitzt dieses Zeichen keine Kraft mehr über ihn, sondern bereits das Nächste. Droht dem Planeten im alten Zeichen also Übel, so vermag ihn dieses nicht mehr zu erreichen; vergleichbar dem Effekt eines gerade einstürzenden Hauses auf diejenige Person, welche im selben Moment über dessen Schwelle ins Freie tritt.

Dasselbe gilt auch in Bezug auf allfällig positive Einflüsse eines Sternzeichens, so wird der in dessen letztem Grade laufende Planet von diesen nicht mehr profitieren können; ähnlich jemandem, der versucht, einen davon fliegenden Vogel zu erhaschen, ihm dabei jedoch dessen Schwanzfedern knapp entschlüpfen.

Deshalb meint «Zael»: «Befindet sich ein Planet bzw. der Mond im 29. Grad eines Zeichens, so unterliegt er immer noch dessen Einfluss, da er sich noch nicht in dessen 30. Grad befindet.»

31.

Macht sich ein Planet daran, an einem Zeichenende eine Konjunktion zu bilden, wobei der zweite Planet, knapp vor dem Zustandekommen noch das Zeichen wechselt, gilt es zu prüfen, ob die Konjunktion im folgenden Zeichen zu Stande kommt, weil sich die durch diese Planeten bedeutete Angelegenheit dann doch noch erfüllt, wenn die beiden Planeten in einer Rezeption stehen; ausgenommen die Konjunktion werde vorher noch von einem dritten Planeten «vereitelt».

Es darf dabei auch nicht ausser Acht gelassen werden, dass eine Konjunktion sehr wohl einen anderen Aspekt [d.i. Sextil, Quadrat, Trigon bzw. Opposition] vereiteln kann, während ein solcher dies bei einer Konjunktion nicht vermag.

32.

Handelt es sich bei einem «Signifikator» um einen «Übeltäter», kommt es darauf an, in welchem Zustand sich dieser befindet. Ist dieser gut, wird die Angelegenheit auch gut herauskommen; ist er hingegen schlecht, eher übel.

So sagt «Sarviator» im «Pentadera»: «Ein übler Planet in seinem Domizil oder in seiner Erhöhung, der von keinem anderen Übeltäter, welcher ihn hemmt oder schwächt aspektiert ist, ist besser als ein bedrängter, rückläufiger Wohltäter.»

33.

Stellt man fest, dass Mars in einem Horoskop «Signifikator» ist und er dabei von Saturn hemmend aspektiert wird, bzw. dass er im Quadrat- oder in Opposition zum «Aszendentenherrscher» oder zum Mond steht, so wird Mars als «Signifikator» die Angelegenheit wohl zu Stande bringen, jedoch nicht zum Guten bzw. behaftet mit einem auf den scheinbaren Erfolg folgenden Scheitern.

Ist hingegen Saturn in einem Horoskop «Signifikator» und fungiert Mars dabei mittels Konjunktion als Störefried, so wird die Behinderung geringer ausfallen, als im ersten Fall.

34.

Ist ein sich in guter Verfassung befindender, direktläufiger und unbeeinträchtigter «Übeltäter» in einem Frage- bzw. Geburtshoroskop «Signifikator» bzw. «Aszendentenherrscher», und steht dabei im ersten Haus, dann wird er dieses auf jeden Fall positiv beeinflussen und zu einem guten Abschluss bringen.

Ja, selbst wenn er weder «Signifikator» noch «Aszendentenherrscher» ist, sondern lediglich erhöht im ersten Hause steht, legt er all seine Tücke zur Seite und zügelt sein Unheilspotential.

Ist er jedoch geschwächt und bedrängt, findet sich seine Tücke und sein Widerspruchsgeist derart gesteigert, dass die Angelegenheit zum völligen Scheitern verurteilt ist.

35.

Befindet sich ein «Übeltäter» in einem ihm entsprechenden Zeichen, so lindert dies seine Schädlichkeit, vergleichbar einem Grobian, den man zufrieden stellt und ihm seinen Willen lässt.

Im Falle Saturns betrifft dies dessen Stellung im Steinbock, Wassermann, in der Waage oder in den «kalten Zeichen» [d.i. in einem Wasser- oder Erdzeichen]; wobei in letzteren insbesondere in seinen «Grenzen» [d.h. in 23-27 Stier; 29/30 Jungfrau; 29/30 Fische] oder einem seiner «Gesichter» [d.h. in 20-30 Stier; 1-10 Fische].

Betreffend Mars, wenn dieser sich in Widder, Skorpion, Steinbock oder einem «warmen Zeichen» [d.i. in einem Feuer- oder Luftzeichen] in seinen «Grenzen» [d.h.

in 19-24 Zwillinge; 12-18 Löwe; 28-30 Schütze] oder einem seiner «Gesichter» [d.h. in 10-20 Zwillinge; 20-30 Löwe] befindet.

Steht Saturn hingegen in einem «warmen» [Feuer/Luft], respektive Mars würdelos in einem «kalten Zeichen» [Wasser/Erde], so wirkt sich dies ungünstig aus und eine Angelegenheit kann dadurch vereitelt werden; ähnlich wie wenn Wasser und Öl vermischt werden sollen.

Bei Mars oder Saturn in gutem Zustand [bezüglich seiner «essentiellen Würden»] und in starker Stellung [bezüglich «akzidentieller Würden»] wirken sie sich günstig aus; ähnlich der Vermischung von Wasser und Wein bzw. Milch und Honig.

36.

Behindert ein von den «Wohltätern» [Venus bzw. Jupiter] mit Trigon oder Sextil aspektierter «Übeltäter» [Mars oder Saturn] eine Angelegenheit, so finden wir dessen Schädlichkeit gemässigt und abgemildert; und dies umso mehr, wenn ihn der freundlich aspektierende «Wohltäter» dabei auch noch empfängt [also in einer der «Übeltäterwürden» Widder, Skorpion, Steinbock, Wassermann etc. steht].

37.

Stellt ein «Wohltäter» [Venus oder Jupiter] den «Signifikator» und wird dabei von einem «Übeltäter» [Mars oder Saturn] unfreundlich, also mit Quadrat oder Opposition aspektiert, so wird dies dessen für gewöhnlich günstige Wirkung stark beeinträchtigen.

38.

Befindet sich ein wohltätiger [d.i. Venus oder Jupiter], «Signifikator» rückläufig im 6. oder 12. Haus, so wirkt sich dies fast gleich hinderlich aus, wie wenn er ein «Übeltäter» wäre; ausser er steht mit einem andern Planeten in «Rezeption».

39.

Steht der «Signifikator» in «Rezeption», so wird er, falls «Wohltäter», zusätzlich stark aufgewertet; während als «Übeltäter» im gleichen Fall in seiner Hinderlichkeit und Unheilsstiftung stark abgemildert.

40.

Finden wir einen «Übeltäter» [Mars oder Saturn], ob «Signifikator» oder nicht, «peregrin», d.h. ohne Würden, müssen wir seine Arglist als verstärkt annehmen.

Kommen seinem Stand hingegen «essentielle Würden» wie «Domizil», «Erhöhung» oder «Grenzen» zu, so schwächt sich sein ungünstiger Einfluss entsprechend ab.

Bei Stellung in «Triplizität» [d.i. Saturn bei Tag in einem Luftzeichen bzw. Mars nachts in einem Wasserzeichen] und «Gesicht» [d.h. Mars in 20-30 Stier oder 1-10 Fische; Saturn auf 10-20 Zwillinge oder 20-30 Löwe] finden wir die Abschwächung in deutlich vermindertem Masse vor; und bei Stand des «Übeltäters» in dessen «Domäne» (arab. «Hayiz») ist die Abschwächung gar minimal.

41.

Steht ein «Übeltäter» als «Signifikator» in seinem «Domizil», seiner «Erhöhung» oder in seinen «Grenzen» respektive seiner «Triplizität», oder in einem kardinalen bzw. fixen Haus, so ist er, vergleichbar einem «Wohltäter», als gestärkt zu werten.

42.

Ist ein «Wohltäter» «Signifikator» bzw. offeriert einem anderen Planeten seine Hilfe und befindet sich dabei in einem ihm keine Würde verleihenden Zeichen [«peregrin», «im Fall» bzw. «Exil»], so wird seine wohltätige Bedeutung dadurch vermindert und abgeschwächt.

Fallen ihm im betreffenden Zeichen jedoch Würden zu, so fördert das jede Angelegenheit und verstärkt dessen Kraft und Qualität.

43.

Stehen die «Wohl-» und «Übeltäter» schlecht gestellt beisammen, d.h. in einer der erwähnten Behinderung oder in Zeichen ohne Würde, in «Verbrennung» oder ähnlich, so gilt für sie in abgeschwächtem Masse der Aphorismus des Philosophen: «Ein rückläufiger und verbrannter Planet verliert seine Bedeutungskraft. Die Wohltäter, verbrannt oder unter den Sonnenstrahlen, bedeuten nichts oder wenig Gutes; und die Übeltäter in selben Falle vermögen nur geringen oder keinen Schaden zu stiften.»

44.

Steht der «Signifikator», sei er «Wohl-» oder «Übeltäter», in seinem «Domizil», seiner «Erhöhung», «Triplizität», «Grenzen» oder «Gesicht» (letzteres muss jedoch wegen der Schwäche dieser Würde von einer weiteren Würde, sprich seiner «Domäne» [arab. «Hayiz»] oder seinem «Licht» [d.i. «Hemisphäre», vgl. Erwägung 47] unterstützt sein), verliert selbst ein «Übeltäter» seinen Stachel; und richtet, einem gezähmten Wildpferd ähnlich, kein Unheil mehr an. Selbst die dem «Übeltäter» nachgesagte Arglist wandelt sich so zum Guten, und auch wenn dies nur schwer verständlich erscheint: die Alten bejahten dies und in meiner eigenen Praxis hat es sich ebenfalls oft als wahr erwiesen.

45.

Befindet sich einer der «Übeltäter» [Mars oder Saturn] in einem Eckhaus und wirft von dort aus einen Quadrat- oder Oppositionsaspekt auf einen weiteren Planeten, dann richtet er bei Letzterem schlimmsten Schaden an, besonders dann, wenn er sich dabei auch noch in einer stärkeren Position als der von ihm aspektierte Planet befindet.

Wirft ein so gestellter «Übeltäter» hingegen bloss ein Trigon oder ein Sextil auf den besagten Planeten, so finden wir das Unheil vermindert und die damit verbundenen Hindernisse abgeschwächt.

46.

Gehört ein «Signifikator» zu den «Wohltätern», so deutet dies von Natur aus auf Güte und Gedeihen hin; im Falle der Zugehörigkeit zu den «Übeltätern» ist dessen arglistigem Wesen entsprechend Unbill zu erwarten.

Aus diesem Grunde berücksichtige man die Stellung in Bezug auf die Horizontachse [AC-DC] : denn steht ein Planet «in seinem Licht» [d.i. in seiner «Hemisphäre»] bzw. in seiner «Domäne» [«Hayiz»] in einer seiner Würden, oder in günstigem Aspekt zum Aszendenten, so bedeutet dies Gutes, und dies umso mehr wenn es sich dabei um einen wohltätigen Planeten handelt.

47.

Steht ein Planet «in seinem Licht», d.h. als «Tagesplanet» [d.i. Sonne, Jupiter, Saturn] bei Tage über dem Horizont, sowie bei Nacht unter dem Horizont; als «Nachtplanet» [d.i. Mond, Venus, Mars] nachts über dem Horizont, sowie tags unter diesem, finden wir ihn darin gestärkt.

Steht hingegen ein «Nachtplanet» [Mond, Venus, Mars] tags, bzw. ein «Tagesplanet» nachts über dem Horizont, so wird er als «Signifikator» einer Angelegenheit als geschwächt und irgendwie gehemmt beurteilt werden müssen, so dass er seiner Bedeutung nur mangelhaft wird gerecht können.

48.

Aspektiert Jupiter, insbesondere mittels Konjunktion, einen bereits anderweitig in Bezug auf seine schädlichen Wirkungen entschärften «Übeltäter», welcher «Signifikator» ist, so wird dies dessen Bösartigkeit vollends zum Guten wenden, unabhängig wie übel er sonst auch sein möge.

Würde also Saturn an solchem Ort seiner selbst nichts Gutes erahnen lassen, oder nicht halten, was man sich von ihm verspricht, so wird Jupiter, vorausgesetzt, er befinde sich seinerseits nicht durch «Fall», «Verbrennung» oder «Rückläufigkeit» in Bedrängnis (wobei er sich selbst dann noch als hilfreich erweist, bloss nicht in so ausgeprägtem Masse), darum besorgt sein.

Andererseits nimmt Venus dem Mars, mittels der zwischen diesen Beiden herrschenden, zärtlichen Vertrautheit, seine Rage, solange sich die Angelegenheit, wie z.B. im Kriegsfall oder bei anderweitigem Blutvergiessen, nicht als ausgesprochen schwierig erweist.

Sie vermag jedoch ohne Hilfe Jupiters, ein mit Saturn verbundenes Unheil weniger gut abwenden (wobei sie sich in dem Fall gleichermassen dazu im Stande zeigt wie in Bezug auf Mars).

Der Grund liegt darin, dass zwischen ihr und Saturn eine in jeder Hinsicht geringere Sympathie herrscht, da dieser langsam, sie schnell läuft; er gewichtig, sie leicht ist; und er schliesslich zu Schwermut, sie zu Fröhlichkeit neigt.

49.

Finden wir einen an sich gut gestellten «Übeltäter» als «Signifikator» mit einem andern «Übeltäter» verbunden, so werden die günstigen Effekte des Ersteren dadurch zerstört oder zumindest durchkreuzt.

Deutet jedoch die Stellung des ersten «Übeltäters» bereits Unheil an, dann wird der Einfluss des Zweiten, ein solches gar steigern und verdoppeln, bzw. dieses in ein gar schlimmeres Übel anderer Art verwandeln; ähnlich einem Schmerz in der Nähe des Bauchnabels, der sich zu einem Ödem auswächst.

Findet sich dabei jedoch einer der beiden «Übeltäter» in «gegenseitiger Rezeption» mit einem «Wohltäter» verbunden, wandelt sich das Übel ins Positive; bei lediglich einseitiger «Rezeption» [d.h. bei applikativem Aspekt mit dem Dispositor] wird sich dieses, je nach Stärke des «Wohltäters», hingegen bloss lindern und verringern.

50.

Bedrängt ein «Übeltäter» den Aszendentenherrscher oder den Mond durch Konjunktion, Opposition oder Quadrat, so erfährt die Angelegenheit ohne zusätzliche Hilfe eines «Wohltäters» dadurch Verderben.

Aspektiert jedoch ein «Wohltäter», d.h. Jupiter, Venus, Sonne oder Mond den Aszendentenherrscher bzw. den Mond, so schwächt sich die vom «Übeltäter» verursachte Unbill soweit ab, dass der Horoskopeigner bzw. Fragesteller der drohenden Gefahr selbst dann entkommt, wenn es sich beim Aspekt um ein, allerdings mittels «Rezeption» abgemildertes, Quadrat handelt.

Aspektiert der «Wohltäter» den Aszendentenherrscher jedoch mittels Quadrat oder Opposition, bzw. ein «Übeltäter» denselben mit Trigon oder Sextil ohne «Rezeption», so mag es dem Fragesteller bzw. Horoskopeigner wohl noch gelingen, den Kopf aus der Schlinge zu ziehen, wobei er dadurch allerdings riskiert, sich in eine nicht minder bedrohliche Lage zu manövrieren, so dass ihm sein Entkommen letztlich gar keinen Vorteil bringt.

51.

Befindet sich ein «Signifikator» weder in einer seiner «Würden», noch in seiner «Freude» in einem «fallenden Haus» [d.i. im Dritten, Sechsten, Neunten oder Zwölften], dann gibt dies in Bezug auf ihn Hinweis auf lauter Zweifel und Unbill, ohne dass Hoffnung auf Gunst und Vorteil bestünde.

52.

Tritt einer der drei «unteren Planeten» Venus, Merkur oder Mond als Abendstern [bzw. Neumond] im Abstand von 12° «unter den Sonnenstrahlen» hervor, so finden wir ihn, genauso wie einen der «oberen Planeten» [Saturn, Jupiter, Mars], noch geschwächt; was zur Folge hat, dass ein [ihn aspektierender] «Wohltäter» ihm nur wenig Vorteil zu bieten und ein «Übeltäter» ihn gar umso verheerender zu schädigen vermag.

Nähert sich dieser «Wohltäter» einem solchen Aspekt in langsamem Lauf, also nur mühsam, dann wird sich die durch seinen Einfluss zu erwartende Gunst nur unter Schmerzen und Schwierigkeiten einstellen. Im analogen Falle eines sich dem Aspekt langsam nähernden «Übeltäters», wird sich das damit einhergehende Ungemach entsprechend in schleichender Form einstellen.

Aber bei den «oberen Planeten» wie Saturn, Jupiter und Mars, passiert es, dass wenn sie «unter den Sonnenstrahlen» hervortreten, man sie dann frühmorgens vor der Sonne aufgehen und vor deren Aufgang noch am Himmel leuchten sieht.

Befindet sich ein Signifikator «unter den Sonnenstrahlen», dann wird er in jeder ihn betreffenden Angelegenheit eine bloss minimale Wirkung entfalten können, wobei die «Übeltäter» dabei etwas grösseren Schaden anrichten als die «Wohltäter» Vorteile bringen.

Ein Planet befindet sich genau dann «unter den Sonnenstrahlen» wenn er sich im Abstand von 16' und 12° von der Sonne entfernt befindet. Bei einem Abstand von bis zu 16' wird er, weil dann in «Cazimi» bzw. im Herzen der Sonne als gestärkt zu betrachten sein.

Bei einem Sonnenabstand von 12° bis 15° bezeichnet man den Planeten als «aus den Sonnenstrahlen heraustretend».

54.

Befindet sich einer der «oberen Planeten» [Saturn, Jupiter oder Mars] als Morgenstern mehr als 12° von der Sonne entfernt am Himmel, bzw. einer der «Unteren» [Venus, Merkur, Mond] im selben Abstand als Abendstern [resp. Neumond], dann wird dieser Himmelskörper als gestärkt beurteilt.

Beträgt der Abstand bereits 15°, so dass er bereits kräftiger leuchtet, gilt er in allen Angelegenheiten als noch stärker, ähnlich einem siegreich aus einer Schlacht zurückkehrender Krieger.

Folgt die Sonne hingegen den drei «Oberen» [d.h. bei Saturn, Jupiter und Mars im Osten, sprich in Morgensternposition] im Abstand von weniger als 15°, so gelten sie bis hin zum Abstand von 7° [d.i. solange sie sich «unter den Sonnenstrahlen» befinden] als zusätzlich geschwächt, von wo aus, und zwar bis hin zur Stellung «im Herzen der Sonne» [d.i. «Cazimi»] sie sich in einem Zustand äusserster Schwäche befinden [d.i. im Zustand der «Verbrennung»].

Die Schwächung der «Unteren» [d.i. Venus, Merkur, Mond] gilt als derjenigen der «Oberen» genau entgegengesetzt, da gesagt wir, dass sie bei westlicher Stellung [d.i. als Abendstern] «unter den Sonnenstrahlen» zusätzliche Schwächung erfahren und im Falle der «Verbrennung» bis hin zu «Cazimi» in ihrer grössten Schwäche stehen.

55.

Steht ein Signifikator «peregrin» [lat. als Fremder], so erkennen wir die durch ihn im betreffenden Geburts- bzw. Fragehoroskop repräsentierte Person als schlau, ausgekocht und verschlagen; als jemand, der es versteht, sich zum Guten wie zum Schlechten hin durchzumogeln, wobei die Neigung zu Letzteren überwiegt.

56.

Gemäss «Sarcinator» ist ein Signifikator dann «schwach», d.h. nicht nur unfähig, seine Charakteristiken bzw. seine Wesenszüge zum Tragen zu bringen, sondern er erweist sich in so mancher Angelegenheit gar als hinderlich, wenn wir ihn als «unteren Planeten» [d.i. Venus, Merkur, Mond] «im Osten» [d.i. als Morgenstern bzw. Mond kurz vor Neumond] «direktläufig» [d.i. auf die «Verbrennung» in der Konjunktion mit der Sonne zulaufend] vorfinden, bzw. als «Oberen» [sprich Saturn,

Jupiter, Mars] «im Westen» [d.i. als Abendstern], weniger als 20° von der Sonne entfernt.

In einer solchen Stellung ist er dann mit einem Kranken vergleichbar, dessen Leiden sich bereits in solch fortgeschrittenem Stadium befindet, dass er sich, zur Selbsthilfe bereits unfähig, hinlegen muss; oder ähnlich einem nicht mehr renovierbaren, verfallenden Haus.

Je weiter von der Sonne entfernt sich der betreffende Planet dabei befindet, als desto weniger «angegriffen» wird sein Zustand zu bewerten sein.

Finden wir ihn hingegen, nicht «rückläufig», als einer der «Oberen» [Saturn, Jupiter, Mars] «östlich» [also als Morgenstern] bzw. als einer der «Unteren» [Venus, Merkur, Mond] «im Westen» [d.i. als Abendstern] stehend, so kann er als kräftig und fähig, zu halten, was man sich von ihm verspricht, gewertet werden; so wie ein genesener Kranker bzw. ein frisch renoviertes, altes Haus.

57.

Befindet sich ein Signifikator im achten Haus, so wird er, falls «Wohltäter» [Jupiter, Venus, ev. Sonne oder Mond], dort keinen Schaden anrichten; als «Übeltäter» hingegen schlimmeres Unheil als an jedem anderen Ort des Horoskops.

Bezieht sich eine Frage darauf, ob der Klient in den Krieg ziehen solle, so ist diesem selbst bei einem zu den «Wohltätern» gehörenden Signifikator davon abzuraten, da bei dieser Stellung stets mit Unbill, sprich gar mit dem Tod oder zumindest Gefangennahme zu rechnen ist, denn es handelt sich hierbei um einen Ort der Finsternis und des Todes.

Handelt es sich bei einem solchen Signifikator erst noch um einen «Übeltäter», ist von Todesfolge auszugehen.

Den Ausnahmefall bildet hier die Trennung des «Übeltäters» vom Herrscher des Achten, so dass der Fragesteller dann, obwohl in Todesgefahr, wohl «nur» verwundet, mit, von einem Streifschuss getroffen oder einem Sturz vom Pferd gerade noch davonkommen wird.

Geht es bei der Frage um eine Reise, besonders eine Lange, muss der Fragesteller mit Gefangennahme bzw. Beinahegefangenschaft rechnen; dies wohlverstanden nur bei Trennung vom Herrscher des Achten.

Man vergesse hierbei auch nie, dass ein sich in diesem Hause aufhaltender «Übeltäter» stets mehr Unheil anrichtet als ein «Wohltäter».

58.

«Zael» berichtet, dass «ein Planet erst dann als fest in einem Zeichen stehend betrachtet werden kann, wenn er bereits 5° in dieses eingedrungen ist.» Ich bin jedoch der Meinung, dass dies bereits nach 1° der Fall ist. Er wollte mit seiner Ansicht wohl auf sicher gehen.

So meint er entsprechend auch: «Ein Planet kann erst dann als sich in einem fallenden Haus befindend gezählt werden, wenn er sich 5° über den Aszendenten erhoben hat, wie z.B. bei einem Aszendenten von 9° Widder in Bezug auf einen Planeten auf 5° Widder».

«Ptolemäus» und viele andere Weise bestätigen, dass ein solcher Planet in einem Eckhaus steht, wessen Meinung ich teile. Hierbei gibt es jedoch welche, die der Ansicht sind, der Planet befinde sich erst dann in einem Eckhaus, wenn er sich auf demselben Grad wie der Aszendent befinde, bzw. zumindest 1° vorher oder Zwei nachher, wobei sie sich jedoch sicherlich nur auf «Solarhoroskope» bezogen.

Ich habe jedoch die Erfahrung gemacht, dass ein Planet bereits 5° vor der Häuserspitze als im Eckhaus stehend zu bewerten ist, denn als ich einmal das Solar eines Jahres suchte, fand ich Mars dabei im fünften Grad oberhalb der Spitze des Aszendenten im Steinbock in südlicher Breite, was die Ermordung des römischen Kaisers andeutete. Ich war mit ihm bekannt, da sich sein Hof in Grossetto befand und ich mich in Forli.

Es stellte sich dann heraus, dass Pandulfus von Farsenella und Theobaldus Franciscus, sowie diverse andere Sekretäre sich zwecks seiner Beseitigung miteinander verschworen hatten, wobei keiner seiner Astrologen dies bemerkte; und dies eben deshalb, weil sie nicht glaubten, dass sich Mars bereits in einem Eckhaus befand, da dieser 4° 58' oberhalb des Aszendenten stand.

Wie dem auch sei: befindet sich ein Planet 5° und mehr vor einer Horoskopachse, so ist er als in einem fallenden Haus befindlich zu betrachten.

59.

Befindet sich ein «Signifikator» bis hin zu 15° unterhalb einer Horoskopachse [d.i. innerhalb der ersten 15° eines Eckhauses], so gilt er als unmittelbar auf dieser [Aszendent-Deszendent bzw. Himmelsmitte-Himmelstiefe] liegend.

«Zael» bestätigt dies, indem er sagt, dass der Planet der Kraft einer Horoskopachse nicht zugerechnet werden kann, wenn er mehr als 15° unterhalb von deren Spitze liegt.

Befindet sich ein Aszendent beispielsweise auf 4° Stier, so darf jeder Planet, der sich zwischen 4° und 19° Stier befindet als im Eckhaus [d.i. auf der Achse] stehend bewertet werden, nicht jedoch sämtliche davon weiter entfernt liegende Planeten und Punkte.

«Ptolemäus» scheint dies, obwohl nicht ausdrücklich, ebenfalls zu verstehen zu geben, wenn er sagt: «dass jeder Planet, welcher sich 5° vor bis 15° hinter befindet, auf der Achse steht.»

«Zael» zerstreut somit den Zweifel, dass ein solch grosser Achsenabstand [von 15°] eines Planeten eine Angelegenheit allenfalls vereitle.

Der gleiche «Ptolemäus», und ich teile dessen Meinung, scheint der Überzeugung zu sein, dass es keinem Teil irgend eines Hauses an dessen Charakteristik fehlen darf.

Ich denke nicht ohne Grund, dass jeder sich in einem Hause aufhaltende Planet auch als sich in diesem Haus befindend zu bewerten ist, und zwar von dessen Anfang bis zu dessen Ende. Damit betone ich, im Haus, und nicht im Zeichen, da ein Haus zuweilen mehr als nur ein Zeichen beinhaltet. Nicht zuletzt deshalb scheint es lächerlich, dass irgendein Bereich eines Hauses sozusagen brach und ohne mögliche Bedeutungszuordnung liegen kann.

60.

Befindet sich ein Planet in einem «fixen Zeichen» [d.i. im Stier, Löwen, Skorpion, Wassermann], dann kann man bei ihm mit Tragfähigkeit und Durchhaltevermögen in Bezug auf begonnene Unternehmungen, sowie auf Verlässlichkeit in Bezug auf Erwartungen rechnen.

Im Falle von Planeten in «gemeinen Zeichen» [d.i. veränderlichen wie Zwillinge, Jungfrau, Schütze und Fische] so neigen diese zu einem Hin und Her, Vor und Zurück, bzw. zu einer plötzlicher Anfügung oder sonstigen Kursänderung. Deshalb empfiehlt es sich bei Flexibilität erfordernden Angelegenheit wie Einkauf oder Verkauf und dergleichen, den Signifikator und den Mond, oder zumindest einer dieser beiden, in ein veränderliches Zeichen zu legen [offensichtlich spricht Bonatti hier von Elektionshoroskopen].

Und da wir bei einem sich in einem «bewegenden Zeichen» [d.i. kardinalen, also Widder, Krebs, Waage oder Steinbock] laufenden Planeten mit plötzlichem Wechsel, rascher Ausführung bzw. Erledigung im guten wie im schlechten Sinne erwarten können, empfiehlt es sich, in Angelegenheiten, bei denen ein zügiges Zustandekommen erwünscht ist, den Signifikator und/oder den Mond in ein «bewegendes [kardinales] Zeichen» zu legen.

61.

Befindet sich der Aszendentenherrscher, bzw. der Mond auf der Mondknotenachse, so deutet dies auf Behinderungen in jeglicher Angelegenheit hin; dabei lässt sich der Lebensbereich der zu erwartenden Unbill aus der Bedeutung des Hauses, in dem eine solche Konjunktion stattfindet, ablesen.

Hierbei ist zu beachten, dass im Falle eines Mondknotenaspekts ausschliesslich die Konjunktion wirkmächtig ist, wobei diese in ihrer «applikativen» Phase als ungünstiger zu bewerten ist als in ihrer «separativen». Im ersten Fall findet man das angezeigte Unheil in vollem Umfang herein brechen, vergleichbar einem Schiffbruch auf hoher See, bei dem jede Hoffnung vergeblich ist; während sich der zweite Fall analog einem Schiff in blosser Seenot zeigt, wobei Möglichkeiten und Hoffnung auf Rettung bestehen.

Man merke sich auch, dass sich bei «Applikation» von Signifikator bzw. Mond zum «Drachenkopf» [d.i. «aufsteigender Mondknoten»], ein Unheil zu steigern droht, da dem «Drachenkopf» eine anschwellende Natur nachgesagt wird.

Bei «Applikation» zum «Drachenschwanz» []d.i. zum «absteigenden Mondknoten»], erweist sich das damit angezeigte Unheil als immerhin nicht maximal.

Je weiter entfernt sich der Signifikator bzw. Mond von den Mondknoten zeigen, desto geringer ist das dadurch angedeutete Unheil einzustufen. Dieses zeigt sich ab 1° bereits weniger verheerend, obwohl immer noch beträchtlich, und bei 2° bis 3° als noch geringer, und dann bis 5° nochmals geringer, um sich schliesslich unter sich ständig weiter verringernder Wirkmächtigkeit beim Abstand von 12° gänzlich zu verlieren.

62.

Befindet sich der Mond «im Leerlauf» [engl. «void of course», d.h. wenn er, bevor er das Zeichen wechselt, mit keinem anderen Planeten mehr einen Aspekt bildet], so wird die Angelegenheit, auf die sich die Frage bezieht, bestenfalls unter Hängen und Würgen zu einem erfreulichen Ende kommen.

Zeigt sich dabei jedoch der Aszendentenherrscher, bzw. der den Fragegegenstand bezeichnende Signifikator in vorzüglicher Verfassung, wird sich die Angelegenheit zwar verzögern, jedoch nicht völlig vereitelt werden.

Immerhin lohnt es sich, unter einer solchen Beeinträchtigung des Mondes von Schwelgereien Speis und Trank und sonstigen Lustbarkeiten Abstand zu nehmen.

Hingegen, besonders bei Mond im Skorpion, empfehlen sich Abmagerungskuren, wie auch der Einsatz von Haarentfernungsmitteln.

63.

Finden wir den Mond in grossem Abstand von den Übeltätern, so dass sich sein Schein nicht auf sie ergiesst, dann wird ein betreffendes Unternehmen ein gutes Ende finden; dies umso mehr, falls seine Strahlen sich mit denen eines Wohltäters vermischen.

Dabei erweist es sich als gar noch vorteilhafter, wenn auch noch der Aszendentenherrscher oder der Signifikator der Unternehmung gut gestellt sind.

Finden sich Letztere in keiner guten Verfassung, werden sie den günstigen Ausgang eventuell beinträchtigen, jedoch nicht gänzlich vereiteln können.

64.

Läuft der Mond im Krebs, Stier, Schützen oder in den Fischen, so kann man dies als für die Angelegenheit günstig werten, selbst wenn dabei Aspekte zu «Übeltätern» und keine zu «Wohltätern» bestehen.

Der Mond wird bei Stellung in einem dieser Zeichen, selbst wenn «im Leerlauf», geringere Nachteile erwarten lassen als in den Übrigen; ausser er finde sich dabei «verbrannt» [d.i. in der Leermondphase], da dort alle Vorteile einer solchen Zeichenstellung grösstenteils oder gar gänzlich verloren zu gehen drohen.

65.

Findet sich der Herrscher des siebten Hauses durch Aspekte seitens anderer Planeten bzw. dem Mond, selbst wenn diese separativ sind, versehrt, so ist darin eine Beeinträchtigung in der betreffenden Angelegenheit zu sehen. Der Astrologe hat bei der Beantwortung einer solchen Frage höchste Vorsicht walten zu lassen bzw. sollte er diese gar ganz vertagen.

Aus den besagten Aspekten kann er allenfalls ermessen, wie und wo er sich irren könnte, was dazu führt, dass er befähigt ist, danach eine sicherere Beurteilung abzugeben.

66.

Ist wegen der Stellung von «Übeltätern» an Orten, wo den Wohltätern Würden zukommen [z.B. Saturn im Schützen] Unheil zu erwarten, so hebt sich dieses vollends auf, wenn der das betreffende Zeichen beherrschende «Wohltäter» ein Trigon oder ein Sextil auf einen solchen «Übeltäter» wirft.

Im Falle eines Quadrats dieses «Wohltäters» auf den so gestellten «Übeltäter», wird sich das Unheil abmildern und bei einer Opposition immerhin ein Teil davon wegfallen.

Bei gänzlichem Fehlen eines solchen Aspekts, wird das Unheil seinen uneingeschränkten Gang nehmen, dabei jedoch von edlen, ehrenhaften Personen ausgehen.

Der Fragesteller wird also zum Beispiel durch einen korrektes, wohl begründetes Gerichtsurteil zu Recht büssen o. ä.

Befindet sich der «Übeltäter» jedoch an einem Orte, wo die «Übeltäter» Würde haben, steht zu befürchten, dass der Schaden von einer unehrenhaften Person ausgeht, wie beispielsweise einem falschen Zeugen, einem korrupten Richter bzw. fehlerhaften Urteilsspruch etc.

67.

Befindet sich ein Signifikator im Umkreis von 12° einer Mond- oder Sonnenfinsternis, so deutet dies in Bezug auf den Klienten bzw. dessen Angelegenheit Schaden und Unheil an, ausgenommen der Fall, dass der Signifikator in einem Bereich steht, in dem die «Wohltäter» Würde haben. Die angezeigte Unbill wird sich dann in Grenzen halten.

Ist Letzteres nicht der Fall, prüfe man, ob der sich im Umfeld der Finsternis befindende Signifikator von einem der «Wohltäter» oder einem «Übeltäter» aspektiert ist.

Ist Ersteres der Fall, findet sich das Unheil verschärft; bei Letzterem gemildert, was ein Rätsel bzw. Paradox der astrologischen Kunst darstellt.

68.

Bezieht sich eine Frage auf einen Krankheitsfall oder haben wir es mit einem «Dekumbitur»-Horoskop [d.i. der Augenblick des Krankheitsausbruchs, von lat. «decumbere» sich niederlegen] zu tun, so ist zu prüfen, ob der Herrscher des 7. Hauses bzw. das 7. Haus selber unversehrt ist. Ist dies der Fall, so kann sich der Patient bei seinem Arzt in guten Händen fühlen und dürfte auf die von diesem verschriebene Kur gut ansprechen.

Zu einem versehrtem 7. Haus und dessen Herrscher meint Ptolemäus: «Der Arzt muss gewechselt werden, da dem Patienten weder dessen Diagnose, noch Heilkunst zuträglich ist.»

Gemäss «Zael» steht das Siebte für die Medizin, und ist es versehrt, droht die Krankheit chronisch zu werden.

Die hier dargelegten Regeln gelten auch für die Auswahl eines geeigneten Zeitpunkts [d.i. einer Elektion] für den Beginn einer Krankheitskur.

69.

Finden sich die «Signifikatoren» des Fragesteller's und des Fragegegenstand's gleich stark bzw. geschwächt, ist keine sichere Antwort möglich, solange man nicht den «Herrscher der Konjunktion bzw. der Prävention» [d.i. das «Syzygium» der Ort des vorausgehenden Neu- bzw. Vollmonds] kennt und die Angelegenheit auf Grund dieses beurteilt.

Findet man jedoch den «Herrscher der Konjunktion bzw. der Prävention» und denjenigen des Fragegegenstands als immer noch gleich stark, so wende man sich, um eine Beurteilung abgeben zu können, dem Monde zu und schaue nach, mit welchem Planeten dieser als nächstes einen Aspekt bildet.

Befindet sich der Mond dabei «im Leerlauf», so wähle man dessen ersten Aspekt im nächstfolgenden Zeichen als Beurteilungsgrundlage, wobei sich dies als in beträchtlichem Masse brauchbar erwiesen hat.

70.

Ein weiteres, von Astrologen - zu deren Nachteil - wenig beachtetes Geheimnis rät, bei jeder Frage etc., zu beachten, ob der Herrscher der vorangehenden Leer- bzw. Vollmondstellung [d.i. «Syzygium»] sich auf einer Achse des Fragehoroskops befindet. Ist dies der Fall, weist dies darauf hin, dass die Angelegenheit sich erfüllt, ausser durch Fehler, die sich der Fragesteller selber zuzuschreiben hat (oder dass Gott mit anders lautender Absicht seine Finger im Spiel hat), und zwar selbst bei allenfalls in eine andere Richtung weisenden «Signifikatoren», welche einen Erfolg als unwahrscheinlich erscheinen lassen.

Falls das «Syzygium» am Aszendenten steht und dazu auch noch die übrigen «Signifikatoren», u.a. der «Dispositor» des «Signifikators» des Fragegegenstands, der Mond oder ein anderes Deutungselement sich bezüglich einem erfolgreichen Abschluss der Sache förderlich zeigen, so wird sich die Angelegenheit gar mit Leichtigkeit erfüllen.

Falls sich das «Syzygium» in einem «fallenden» Haus befindet und sich dazu mindestens zwei weitere «Signifikatoren» wenig vorteilhaft zeigen, darf man mit Gewissheit davon ausgehen, dass sich die Angelegenheit nie erfüllt.

71.

Fällt ein Signifikator zwischen den Aszendent und das zwölfte Haus, ist dies als Anzeichen für Dauer in der erfragten Angelegenheit bzw. dem dann begonnen Unternehmen wie beispielsweise einer Reise etc.; oder wenn bereits begonnen, wie lange sie in Tagen und Stunden dauern wird.

Befindet sich der Signifikator zwischen dem Zwölften und dem Zehnten [d.i. im 4. Quadranten], deutet dies auf halbe Wochen hin.

Steht er zwischen dem Zehnten und dem Siebten [im 3. Quadranten]: Monate oder Wochen; zwischen dem Siebten und dem Vierten [2. Quadrant]: Jahre; und schliesslich vom Vierten bis zum Aszendenten [1. Quadrant]: Halbe Jahre.

Anmerkung in der Übersetzung von William Coley:

In Bezug auf die Zeitmessung schreibt der späte Kommandant Morrison, R.N.: «Die grösste Schwierigkeit bei allen Fragen ist die akkurate Beurteilung der Zeiträume. Ich rate zu extremer Vorsicht bei der Erteilung irgendwelcher Angaben in dieser Richtung, ausser, wenn der Hauptzeitpunkt der Erfüllung bereits feststeht. In diesem Fall und falls das Fragehoroskop sehr radikal ist, sowie auch der applikative Aspekt der «Signifikatoren» fest steht, wird sich die folgende Regel gut bewähren:

In bewegenden [d.i. kardinalen] Zeichen an einer Achse: Tage
In gemeinen [d.i. veränderlichen] Zeichen an einer Achse: Wochen
In fixen Zeichen an einer Achse: Monate

Bei *fixen Häusern* ist, je nachdem das Zeichen *kardinal, veränderlich* oder *fix* ist, mit *Wochen, Monaten* und *Jahren* zu rechnen; in *fallenden Häusern*: in *kardinalen Zeichen*: *Monate*, in *Veränderlichen*: *Jahre*, und in *Fixen* eine unbestimmte Zeitdauer.»

Dr. Simmonite, dessen astrologische Werke wohlbekannt sind, schreibt: «Es ist grundsätzlich sehr schwierig akkurate Zeitangaben anzugeben. Die Zeiteinheiten bestimmen sich entsprechend der Häuser-, bzw. Zeichenstellung und der Aspektierung.

Um die Anzahl der Tage, Wochen, Monate oder Jahre zu bestimmen, verwende man als Grundlage die Abstände der einen Aspekt zueinander eingehenden Signifikatoren in Graden und Bogenminuten.

Es gilt die Haus- oder Zeichenstellung des Signifikators zu berücksichtigen:

Fixe Häuser ergeben Wochen, Monate oder Jahre, je nachdem das Zeichen kardinal, veränderlich oder fix ist.

Fallende Häuser ergeben bei kardinalen Zeichen Monate, bei Veränderlichen Jahre und eine unbestimmte Zeit bei Fixzeichen.

Eine grosse südliche Breite dehnt die Zeit entsprechend ihrer Anzahl Grad und Minuten; während die Zeiträume sich bei nördlicher Breite auf analoge Weise verkürzt. Bewegen die Signifikatoren sich hingegen auf dem Äquator, bestimmt sich die Zeit schlicht gemäss der Qualität des Aspekts; wobei ich nicht viel von dieser Regel halte.

Die Transite geben näheren Aufschluss über die Entwicklung einer Angelegenheit und vermögen Hinweise über den wahrscheinlichsten Zeitpunkt zu geben, an dem sie zu ihrem Abschluss kommt. Die günstigen oder ungünstigen Tage entsprechen dabei den günstigen bzw. ungünstigen Transiten.

Bei *gemischter Anwendung* ergeben sich z.B. Monate statt Jahre, Wochen statt Monate und Tage statt Wochen.»

72.

Bezieht sich eine Frage auf eine Reise und der Mond findet sich versehrt, so wird diese nicht gefahrlos verlaufen. Ist die Reise unverzichtbar, wähle man deren Aufbruchszeitpunkt so, dass der im Fragehoroskop den Mond bedrängende Planet Aszendentenherrscher ist.

73.

Eine Frage begünstigt Gutes umso mehr, wenn «Wohltäter» den Signifikator bzw. Mond aspektieren, da sich das damit verbundene Glück dadurch steigert; gemindert finden wir dieses hingegen, wenn «Übeltäter» ihre Strahlen auf den Signifikator bzw. den Mond werfen.

Bezieht sich die Frage jedoch auf ein Übel und die «Übeltäter» aspektieren dabei Mond, sowie Signifikator gar noch, verstärkt sich das drohende Übel sogar und es ist mit einer zusätzlichen Verschlimmerung die Lage zu rechnen.

74.

Wendet sich ein Signifikator in seiner ersten Station der Rückläufigkeit zu, bedeutet dies Unwille und Auflehnung, sowie die Möglichkeit der Aufgabe der Angelegenheit.

Wird ein Werk oder ein Bauvorhaben unter einer solchen stationären Rückläufigkeit in Angriff genommen, wird es nicht zu Ende geführt.

Falls ein solcher Signifikator sich dann erst noch unter dem Horizont befindet, wird ein so begonnenes Bauwerk, wenn überhaupt, erst nach langer langer Zeit, bis hin zu neunzig Jahren fertig gestellt sein; ausser es käme unterzwischen zu einer Handänderung bezüglich des Grundstückeigentums.

Wendet sich der Signifikator hingegen in seiner zweiten Station der Direktläufigkeit zu, wird man davon ausgehen können, dass es, obwohl langsam und ev. auf verschlungenen Wegen, sowie unter Pein und Mühen, zu einem Abschluss kommt.

Jedes so begonnene Gebäude wird, verspätet zwar, fertig gestellt. Befindet sich der [stationär direktläufige] Signifikator jedoch unter dem Horizont, so wird der Bauherr den Bau nicht zu Ende bringen, ja das Gebäude nicht einmal weit in die Höhe bringen.

Und man merke sich: ein stationär direktläufiger Planet deutet auf eine Hinwendung, sowie auf die Erneuerung und Stärkung von Allem hin; während er in seiner ersten Station [d.i. bei stationärer Rückläufigkeit] auf Auflösung, Schwierigkeiten und gar Scheitern jeglicher Angelegenheit.

Man verstehe und merke sich diese Vorgänge gut, da sie einem in der Praxis oft begegnen.

75.

Findet sich der Mond von einem anderen Planeten bedrängt, so ist dadurch bei jeder Frage mit Behinderungen zu rechnen.

Steht der Mond jedoch in einem «guten», d.h. in Trigon oder Sextil zum Aszendenten stehenden Haus [d.i. besonders im Neunten und Elften], bzw. der ihn bedrängende Planet in einem dieser Häuser, vermindert dies das zu erwartende Unheil.

Dieses kann sogar gänzlich ausbleiben, und zwar bei entsprechender Stellung des den Mond versehrenden Planeten, d.h. falls dieser sich weder in einem «fallenden» Haus und auch nicht in seinem «Fall» befindet.

«Zael» scheint diesbezüglich der Meinung zu sein, «dass wenn ein hinderlicher «Übeltäter» in einem «fallenden» Haus steht oder wenn er rückläufig ist, er im Klienten [bloss] Furcht verursacht».

Ich hingegen fürchte die Versehrung des Mondes mehr als alle anderen Hindernisse und vermag mich nicht zu erinnern, bei einem versehrten Mond jemals erlebt zu haben, dass es damit, in welch gearteten Angelegenheit auch immer, zu einem guten Ende gekommen wäre. Ich fand mich dabei stets in Sorge um meiner Klienten Heil und Wohlergehen; wenn einer z.B. unter einem solchen Mond in den Krieg zog bzw. Geschäfte abgeschlossen hat, da dabei von Notlagen, Streitigkeiten und finanzielle Verluste auszugehen war.

76.

Wie bereits erläutert, zeigt derjenige Planet, aus dessen Aspekt der Mond gerade kommt, an, was sich eben kürzlich ereignet hat; während der Planet, mit dem der Mond dabei ist, einen neuen Aspekt zu bilden, Aufschluss gibt, was auf einen zukommt.

Trennt sich der Mond also von einem «Übeltäter» und zeigt sich im Begriff, einen «Wohltäter» zu aspektieren, findet man das Schlimmste, was dies auch immer gewesen sein mag, hinter sich: einem Klienten kann dabei zu dessen Zufriedenheit ein glückliches Ende prophezeit werden.

Trennt sich der Mond jedoch umgekehrt grad von einem «Wohltäter» und läuft dem Aspekt eines «Übeltäters» entgegen, so sieht's umgekehrt aus: eine anfangs günstige Angelegenheit droht einen verheerenden Verlauf zu nehmen.

Läuft der Mond von «Wohltäter» zu «Wohltäter», kann man auf fortgesetzte Gunst zählen; wenn von «Übeltäter» zu «Übeltäter», auf einen Gang vom Regen in die Traufe.

77.

Befindet sich der Aszendentenherrscher bzw. der Mond in Opposition [hier ist das «Exil» gemeint], d.h. der Mond im Steinbock, Merkur im Schützen oder in den Fischen, Venus im Widder bzw. Skorpion, die Sonne im Wassermann, Mars im Stier oder der Waage, Jupiter in den Zwillingen oder in der Jungfrau, Saturn im Krebs oder Löwen, so werden diese Herrscher im Falle einer Frage die Angelegenheit verabscheuen und über ein Zustandekommen alles Andere als erfreut sein.

78.

Um eine akkurate Beurteilung abgeben zu können, vertiefe man sich umfassend in den Zustand des den Fragegegenstand entsprechenden Hauses; wobei, wie an früherer Stelle bereits gelehrt, das erste Haus die Person selber, das Zweite deren Substanz [Güter], das Dritte deren Geschwister etc. bezeichnen.

79.

Es gilt auch stets sorgfältig zu unterscheiden, ob der Aszendentenherrscher oder der Mond mit wohl- oder übeltätigen Planeten mittels Konjunktion oder einem anderen Aspekt verbunden sind, wobei die Konjunktion mit der Sonne für einen Planeten [Verbrennung] das grösstmögliche Unglück darstellt.

80.

Weiter ist in Betracht zu ziehen, wo der Signifikator in Bezug auf sein eigenes Zeichen [d.i. sein «Domizil»] steht, also ob im, von diesem ausgehend Zweiten, Dritten oder Vierten etc. Die Bedeutung eines solchen Zeichens, analog der Häuser vom Aszendenten aus gerechnet, gilt es in die Deutung mit einzubeziehen.

81.

Je nachdem sich ein Signifikator an einer Achse [d.i. in einem «Eckhaus»], in einem «folgenden» [d.i. «fixen»] oder einem «fallenden» Haus, so gilt er als desto kraftvoller, je näher er einer der beiden Horoskopachsen kommt, und je weiter entfernt davon er steht, desto schwächer ist er einzustufen. Letzteres gilt vor allem für Stellungen nahe den Spitzen «fallender Häuser».

82.

Wichtig für eine akkurate Deutung ist auch die Qualität des «Dispositors» eines Signifikators. Handelt es sich dabei um einen «Wohltäter», so gilt dies, besonders bei guter Verfassung desselben als günstiges Zeichen.

Im Falle eines «Übeltäters» als Dispositor ist vom Gegenteil auszugehen, wobei es desto ungünstiger wiegt, je schwächer und allenfalls versehrt ein solcher steht.

83.

Findet man die «Wohl-» und die «Übeltäter» in einer Frage gleich stark, so erschwert dies die Beurteilung, ob in günstiger oder ungünstiger Richtung. Vielmehr drückt sich dadurch eine Art Unentschiedenheit aus und eine weder Gewinn noch Verlust versprechende Situation.

84.

Finden sich sowohl «Wohl-» wie «Übeltäter» in starker Stellung, so gilt es herauszufinden, wer dabei am Stärksten ist. Ist dies ein «Wohltäter», bedeutet dies eine Art mittelmässige Vorteilhaftigkeit; im gegenteiligen Falle von an Stärke überwiegenden «Übeltätern» eine entsprechend mittlere Nachteilhaftigkeit.

85.

Befindet sich der «Glückspunkt» an einem günstigen oder ungünstigen Ort, d.h. nahe einer Achse oder in einem fallenden Haus, freundlich oder feindlich von einem «Wohl-» oder einem «Übeltäter» aspektiert bzw. dabei in «Rezeption» des ihn aspektierenden Planeten oder nicht, so vermag dies ein sonst günstig respektive ungünstig scheinendes Fragehoroskop schwerwiegend zu beeinflussen.

So vermag z.B. ein achsennaher «Glückspunkt», der zudem einen Aspekt von einem günstig stehenden Planeten empfängt, welcher ihn dazu auch noch [mit einer «Rezeption»]«empfängt», ein von den übrigen Konstellationen angezeigtes Übel soweit abzuschwächen, dass der Klient so schliesslich davon verschont bleibt.

86.

Aspektiert ein sich rückläufig und «peregrin» bzw. in anderen schlechten Würden in einem fallenden Haus befindender «Übeltäter» den Signifikator, so neigt die Sache dadurch zu solch einem absoluten, jedes Entrinnen ausschliessendes Unheil, so dass Gott allein dieses noch abzuwenden weiss.

Findet sich jemand unter einer solchen Stellung geboren, so wird er, was immer er auch dagegen unternimmt, sein ganzes liebes Leben als Bettler fristen müssen.

Wird ein Haus unter einer solchen Konstellation erbaut, so wird Keiner in diesem je glücklich leben bzw. dort zu Vermögen kommen können, sondern wird sich vielmehr von Verlusten, sowie materiellen und beruflichen Widerwärtigkeiten geplagt sehen, ausser die göttliche Güte streckt ihm dabei gnadenvoll die Hand entgegen.

87.

Dem «Novenarium Lunae» [das «Novenarium» entspricht dem in der indischen Astrologie gebräuchliche «Navamsahoroskop», wobei jedes Zeichen in Bereiche von je 3°20' neungeteilt wird, was zur Folge hat, dass jedes Zeichen mit dem Kardinalzeichen seiner Triplizität beginnt] ist besondere Beachtung zu schenken, da der Astrologe sich sonst oft am ausfindig machen der Wahrheit gehindert und in die Irre geführt sieht, ohne zu wissen, was der Grund für die Täuschung sei.

88.

Finden wir in einem Fragehoroskop den Mond nicht weiter als 51' von einem Planeten entfernt, so gibt uns dieser Planet, unter Einbezug seines «Dispositors» [d.i. der Herrscher des Zeichens, in dem dieser Planet steht], Auskunft über die gegenwärtige Situation der Angelegenheit.

Wie bereits erwähnt, weist derjenige Planet, den der Mond vor dem Gegenwärtigen aspektiert hat, zudem auf die vorangehenden Umstände hin.

Wird der Mond [vor seinem Zeichenwechsel] einen Aspekt mit einem weiteren Planeten eingehen, bezeichnet dies (entsprechend der Disposition des Mondes) das auf den Fragesteller zukommende Thema.

89.

Weiter gilt es in vielen Fällen das «Duodenarium Lunae» [dieses, auch «Dodekatemorium» oder in der indischen Astrologie «Dvadamsa» genannte Horoskop beruht auf der Zwölfteilung jedes Sternzeichens à 2° 30', wobei an jeder Zeichengrenze ein Zeichen übersprungen wird, so dass jedes Zeichen mit «sich selbst» beginnt] in die Horoskopdeutung einzubeziehen, und zwar mehr als diverse bereits abgehandelte Elemente, da sonst grösste Gefahr besteht, in verworrene Deutungen zu geraten; und falls Astrologen, mehr aus Faulheit denn aus Unwissenheit dies[es Deutungselement] nicht beachten, trägt ihnen dies dann den Verruf und die Geringschätzung durch den Pöbel ein.

90.

Stehen die «Dispositoren» des Sonnen-, Mond- und des Aszendentenzeichens östlich [d.i. in Morgensternposition] in einem Eckhaus (wobei dies nur selten der Fall ist) und aspektieren sich dabei aus günstiger Position [d.i. «essentieller Würde»] erst noch freundlich, so bedeutet dies maximalen Vorteil und die glücklichsten Umstände, die man sich vorstellen kann.

Und auch wenn sie nur zum Teil in dieser Weise konstelliert sind, deutet dies immer noch auf dementsprechendes Glück und Gedeihen hin.

91.

Befindet sich Mars in einem Frage- bzw. Geburtshoroskop, besonders wenn in einem «Fixzeichen» [d.i. im Stier, Löwen, Skorpion oder Wassermann], in einem «Eckhaus», so zerstört er damit alle übrigen im Horoskop vorhandenen günstigen Konstellationen, bzw. behindert und vermindert er diese zumindest. Das Gleiche lässt sich von einem Skorpionaszendenten sagen.

Wirft in diesen Fällen jedoch Jupiter ein Trigon oder ein Sextil auf ihn, so mildert sich das von ihm ausgehende Unheil, je nachdem, wie stark oder schwach Jupiter in diesem Horoskop steht.

92.

Bei Frage- und Geburtshoroskopen, bei denen es den Tod geht, prüfe man, ob dabei der Herrscher des achten Hauses bzw. der «Todessignifikator» [d.i. «Anareta»] oder der «Dispositor» des Herrschers des Achten dabei ist, einen Aspekt mit dem Signifikator des Nativen bzw. des Fragestellers einzugehen. Ist dies der Fall, wird dieser betreffende Signifikator zum Lebenszerstörer und zwar unabhängig davon, ob es sich dabei um einen «Wohl-» oder um einen «Übeltäter» handelt, oder ob eine «Rezeption» besteht.

93.

Betrifft eine Frage einen begehrten Gegenstand, der jemand Andern gehört oder der an einem geheimen Ort verborgen ist, so prüfe man, ob Saturn dabei die Signifikatoren des Klienten oder des Gegenstands aspektiert oder gar eine Konjunktion mit diesen bildet.

Einem Klienten wird es damit kaum gelingen, das begehrte Objekt in seinen Besitz zu bringen, oder wenn, dann höchstens unter grössten Mühen, Verzögerungen und Schwierigkeiten. Das Gleiche gilt, wenn Saturn im den begehrten Gegenstand bezeichnenden Hause steht.

94.

Mit Hindernissen in Bezug auf den Gegenstand einer Frage müssen wir, selbst wenn die Frage sonst einen günstigen Ausgang verspricht, immer dann rechnen, wenn:
- der Signifikator des Frageobjekts oder dessen «Dispositor» in einem «fallenden Haus» steht.
- sich der Signifikator des Frageobjekts oder dessen «Dispositor» in einem, von dem den
  Fragegegenstand bezeichnenden Hause aus gezählt, «fallenden Haus» befindet.
- wir den Signifikator rückläufig, oder «unter den Sonnenstrahlen» vorfinden.
- im das Frageobjekt bezeichnenden Haus ein weiterer Planet [d.h. Nebensignifikator] steht,
  der rückläufig ist.
- im das Frageobjekt bezeichnenden Haus ein weiterer Planet«im Fall» steht.
- im das Frageobjekt bezeichnenden Haus ein weiterer Planet «unter den Sonnenstrahlen»steht - im das Frageobjekt bezeichnenden Haus ein weiterer Planet steht, der mit der Sonne einen angespannten Aspekt bildet.

95.

Gehen die Signifikatoren eines Fragegegenstands untereinander Aspekte ein, so deutet dies auf ein zu Stande kommen hin. Man urteile diesbezüglich jedoch nicht zu voreilig, sondern erst, nachdem man das Wesen des Zeichens, in dem sie sich befinden daraufhin untersucht hat, ob es mit der Natur dieser Signifikatoren verträglich ist, was dann über die Leichtigkeit bzw. Schwierigkeit des Zustandekommens Auskunft gibt.

96.

Befinden sich der Signifikator des Fragegegenstands sowie der Mond in einem Eckhaus, ist von einem Zustandekommen auszugehen.

Befinden sich die Beiden jedoch weiter als 25° von einer der beiden Achsen entfernt, steht zu befürchten, dass sich die Frage nicht erfüllt.

Finden wir bezüglich Signifikator und Mond den einen achsennah, den anderen achsenfern, so ist damit ein Zustandekommen unter Schwierigkeiten angezeigt, ausser vielleicht bei einer sich um eine bereits angetretene Reise drehenden Frage: denn eine solche findet auch dann ein Ende, wenn die Signifikatoren achsenfern stehen.

97.

Stets hat man sich zu vergegenwärtigen, auf welchem Längen- und Breitengrad man eine Frage zu Ohren bzw., bei schriftlicher Fragestellung, zu Gesicht bekommt und welcher Aszendent in der betreffenden Gegend oder dem betreffenden Land zu diesem Zeitpunkt gilt.

Man hüte sich hierbei vor einem unansehnlichen und tadelnswerten Fehler; denn an welchen Ort, in welche Gegend man auch immer reist, von Osten nach Westen, Nord gen Süd, oder in umgekehrter Richtung, so wird sich sein Aszendent entspechend des Längengrads von Ost nach West bzw. umgekehrt, mitverschieben. Dasselbe gilt für den Breitengrad bei Nord nach Süd und umgekehrt.

Nun könnten sich aber ein paar Spassvögel und gelehrte Stubenhocker erheben und behaupten: «Wenn eure Deutung je nach Land und dessen Längen- bzw. Breitengrad eine Andere ist, muss sie falsch sein.»

Nun lohnt sich das Gespräch mit solch Rohlingen nicht, da diese nicht verstehen noch verstehen wollen, sondern alles anzweifeln.

Immerhin findet sich unter ihnen eine Handvoll sehr gelehrter Männer, wie z.B. der ausgesprochen verständige Benediktiner «Conradus Brixiensis», der schliesslich zum Bischof von Cesena gewiht wurde.

Der Mangel an Obacht in Bezug auf meine Aussagen hat Astrologen sich irren lassen und wie ich vermute: bis zum heutigen Tag. Denn eine korrekte Deutung kann nicht auf einem unverrückbaren Aszendenten und seinen zugehörigen Häusern beruhen, sondern wenn sich der Standort verschiebt, ändern diese sich entsprechend.

Deshalb empfiehlt sich der Besitz eines Verzeichnisses mit Angabe des Breiten- und Längengrades für jede Ortschaft, was in Bezug auf die verschiedenen Länder einfacher erhältlich ist als bezüglich einzelner Regionen und Provinzen.

98.

Kommt eine Angelegenheit zu ihrem Erfolg, zeigt sich dies [in unmittelbarer Weise] durch Bildung einer Konjunktion oder eines anderen Aspekts seitens der Signifikatoren bzw. [mittelbar] durch eine «Übertragung des Lichts».

Im ersteren Fall [der unmittelbaren Aspektbildung] wird die Angelegenheit vom Klienten oder von der Person, auf die sich die Frage bezieht, höchstpersönlich zu Stande gebracht.

Im zweiten Fall [der «Übertragung des Lichts»] wird die Angelegenheit durch einen Stellvertreter, Freund oder Mittelmann zur Erfüllung gebracht; wobei die Bedeutung des Hauses, dessen Herrscher der «Lichtüberträger» ist, diesen Mittler näher definiert.

Handelt es dabei beispielsweise um den Herrscher des 2. Hauses, kommt die Angelegenheit mittels Ausgaben oder einen Geldbetrag zu Stande; beim Herrscher des Dritten durch ein Geschwister, Nachbarn o.ä.; im Falle des Vierten via den Vater usw., je nach Bedeutung des jeweiligen Hauses.

99.

Hier gilt es in Bezug auf Frage-, Geburts- oder Elektionshoroskope festzustellen, was man mit Gewissheit aus diesen herauszulesen vermag, denn manchmal zeigt eine Konstellation die gänzliche Erfüllung einer Angelegenheit an, was sich dann aber nur zum Teil oder gar überhaupt nicht bewahrheitet.

In der Folge sehen sich Astrologen Vorwürfen ausgesetzt, deren sie sich, da sie denn Grund ihres Versagens nicht kennen, kaum zu erwehren vermögen. Über diesen schwierigen und daher eine eingehende Überprüfung erfordernden Punkt haben sich die alten Astrologen grossmehrheitlich ausgeschwiegen.

Einzig der ehrwürdige «Albumasar» [Dscha'far ibn Muhammad Abu Ma'schar al-Balchi, persischer Astrologe des 9. Jh.], dessen Deutungen ich als wirklichkeitsnaher und zutreffender befunden habe als die der Anderen, hat sich dazu geäussert.

Allerdings muss hier auch «Ptolemäus», der grosse Erklärer dieser Wissenschaft, als neugieriger wie die Andern anerkannt werden.

Was ich hier nun anfüge ist die Beschreibung der wichtigsten ungünstig wirkenden Fixsterne:

Davon finden sich zwei im Kopf des Widders, namentlich auf dessen Graden 13°45' sowie 14°45'. Beide haben die Natur von Saturn und Mars.

Im Stier hat es sechs Sterne auf 9°55', welche Plejaden genannt werden (und die als Einzelstern betrachtet werden) und sich habe allesamt die Natur von Mars und dem Mond.

Die Nächsten befinden sich auf 13° und 13°2'.

Ein Weiterer «der Teufel» [Diabolus] heissend steht auf 14°45'.

Einer namens «der Kopf des Teufels» [Caput Diaboli, d.i. Algol] befindet sich auf 15°.

Im «Bauch des Stiers», auf 19°15' findet sich der Fixstern «Aldebaran».

Alle diesen letzteren Sterne tragen die Natur von Mars und Merkur.

In den Zwillingen befindet sich auf 8° einer von den Natur von Mars und Saturn, den sie «Schulter des Hundes» [Humerus canis] nennen.

Ein Weiterer auf 10°15' hat die Natur des Mars und heisst «Bellatrix».

Dann hat es einen auf 17°55', sowie einen weiteren, namens «die Hexe» [Malefica] auf 18°52' mit der Natur von Sonne und Mars.

Auf 2°3' Krebs hat es einen «Kamel» geheissenen mit der Natur von Saturn und Mond.

Dann einen auf 7°55'.

Auf 13°, mit der Natur von Sonne und Mond steht der «Kameltöter» [Occidens camelum] und im selben Grad, mit der Natur Saturns, der sog. «Fuss des Hundes» [Pes canis].

Ein Weiterer, ebenfalls mit der Natur Saturns befindet sich auf 17°55'.

Im Löwen finden wir auf 15°55' nur einen einzigen üblen Fixstern. Er hat die Natur Saturns.

In der Jungfrau hingegen gibt es zwei solcher Sterne: einer auf 7°11' mit der Natur des Mars, sowie einen auf 15° mit der Natur Saturns.

In der Waage steht auf 26° Einer mit der Natur Saturns.

Im Skorpion gibt es drei Sterne, wovon der Erste auf 1°3', der Zweite auf 8°7' und der Dritte auf 9°, wobei alle die Natur des Mars in sich tragen.

Im Schützen stehen zwei kleine Sterne mit saturnischer Natur: einer auf 19°2', sowie einer auf 21°1'.

Im Steinbock finden sich zwei (übel genannte) Sterne mit der Natur des Saturn: der eine 27°2' und der andere auf 29°5'.

Im Wassermann gibt es einen Stern auf 9°4' mit der Natur von Mars und Saturn.

In den Fischen gibt es zum Beispiel einen Stern auf 4°7' von der Natur des Mars und des Merkur.

All diese Fixsterne wirken schädigend, böswillig, verhindernd und zerstörerisch selbst auf Angelegenheiten die man bereits im Trockenen wähnt.

Deshalb sollte man bei Elektionen aller Art stets darauf bedacht sein, ihnen möglichst keine Möglichkeit zur Einflussnahme zu gestatten; was sehr schwierig ist.

Anmerkung des Übersetzers: Da die von Bonatti vorgenommen Positionsbestimmungen und Beschreibungen der übel beleumdeten Fixsterne leider oft ungenau sind und sich die Fixsternpositionen wegen der Prozession des Zodiaks zudem seit dem 13. Jahrhundert deutlich verschoben hat, wird in der folgenden Tabelle versucht, eine mehr oder weniger vollständige und verdeutlichte Bestimmung dieser Gestirne zu liefern:

Bonatti's auf 2025 korr. Pos.	tatsächliche Position 2025	Zeichen	Traditioneller Name	Astron. Bezeich-nung	Qual. gem. Bonati	Klass. Qualität
24°58' Widder	01°52' oder 03°35'	Stier	Mira od. Mesarthim	o-Ceti α-Ari	Ma-Sa	Ma-Sa Ma-Sa
25°57' Widder	04°20'	Stier	Sheratan	β-Ari	Ma-Sa	Ma-Sa
21°07'	00°21'	Stier/ Zwillinge	Plejaden	η-Tau	Ma-Sa	Mo-Ma
24°12'	02°26'	Zwillinge	Mirfak	α-Per	Ma-Me	Ju-Sa

24°14'	03°29'	Zwillinge	Atik	ζ-Per	Ma-Me	Ju-Sa
25°57'	06°10'	Zwillinge	Prima Hyadum	γ-Tau	Ma-Me	Sa-Me
26°12'	26°32'	Stier	Algol	β-Per	Ma-Me	Ju-Sa
0°27'	10°09'	Zwillinge	Aldebaran	α-Tau	Ma-Me	Mars
19°12'	26°45'	Zwillinge	Saiph (Humerus cani)	κ-Ori	Ma-Sa	Ju-Sa
21°12'	21°18'		Bellatrix	γ-Ori	Mars	Ma-Me
29°7' Zwillinge	07°37'	Krebs	Alhena	γ-Gem		Me-Ve
00°4'	10°18'	Krebs	Mebsuta (Malefica)	ε-Gem	So-Ma	Saturn
13°15'	22°33'		Gomeisa (Kamel)	β-CMi	Sa-Mo	---
19°7'	26°9'		Procyon	α-CMi		Me-Ma
24°12' Krebs	4°37'	Löwe	Altarf (Pes canis)	B-Cnc	Saturn	Me-Sa
24°12' Krebs	7°34'	Löwe	Praesepe (Kameltöter)	M44-Cnc	So-Mo	Ma-Mo
27°7' Löwe	5°37'	Jungfrau			Saturn	
29°07' Löwe	9°17'	Jungfrau	Alioth	ε-UMa	Saturn	Mars
18°23'	27°17' od. 27°31'	Jungfrau	Alkaid od. Zabijava	η-Uma od. β-Vir	Mars	Mars Me-Ma
26°12' Jungfrau	10°18'	Waage	Vindemiatrix	ε-Vir	Saturn	Me-Sa
8°12'	16°42'	Skorpion			Saturn	
12°15'	22°26'	Skorpion	Unukalhai	α-Ser	Mars	Sa-Ve
19°19'	27°49'?	Skorpion			Mars	
20°12'	28°42'?	Skorpion			Mars	
20014'	09°35' od. 10°07'	Steinbock	Han od. Antares	ζ -Oph od. α-Sco		Sa-Ve Ma-Ju
2°15'	10°43'	Steinbock				
8°14'	16°16' 16°42'	Wasser-mann	Alnair od. Rotanev	α -Gru od. β-Del	Saturn	--- Sa-Ma
10°17'	22°9'	Wasser-mann	Nashira	γ-Cap	Saturn	Sa-Ju
20°16'	24°54' 2°15' Fische	Wasser-mann	Deneb Algedi od. Enif	Δ-Cap ε-Peg	Ma-Sa	Sa-Ju Ma-Me

Es folgt nun die Aufzählung der jedes Unternehmen befördernden und begünstigenden Fixsterne:

Davon finden sich im Widder zwei Sterne, wobei der eine, entsprechend seiner Natur von Jupiter und Venus hilfreich und Fortschritten förderlich, sich auf 15°48' befindet und der Zweite mit der Natur Jupiters auf 26°43'.

Im Stier befinden sich drei Sterne: dabei auf 1°45' der Erste, auf 8°49' der Zweite und der Dritte auf 9°43'; und alle diese mit der Natur der Venus.

In den Zwillingen finden wir zwei solch wohltätiger Fixsterne: der eine auf 19°44' und der andere auf 21°45'. Beide tragen die Natur Jupiters und sind Sterne der 2. Grössenordnung.

Im Krebs ebenfalls zwei Sterne (die «gut» genannt werden): der eine auf 27°44', der Andere auf 29°47' und beide mit der Natur Jupiters.

Im Löwen steht ein Stern auf 9°46' mit der Natur von Jupiter und Venus.

Auch auf 4°49' Jungfrau steht ein Stern mit der Natur von Venus und dem Mond.

In der Waage befinden sich zwei Sterne der Natur Jupiters und der Venus, wobei sich der Erste auf 14°27' und der Zweite auf 15°17' befindet.

Im Skorpion hat es vier Sterne: der Erste auf 10°37', die Weiteren auf 13°43', 15°17' sowie auf 19°57' und alle zeichnen sich durch die Natur Jupiters aus.

Im Schützen gibt es zwei Sterne mit der Natur Jupiters: der Erste auf 10°57' und der Zweite auf 8°37'.

Im Steinbock befinden sich drei Sterne, alle mit der Natur des Jupiter: der Erste auf 2°45', der Zweite auf 8°37' und der Dritte auf 18°37'.

Im Wassermann ein Stern jovischer Natur auf 16°37'.

In den Fischen schliesslich zwei Sterne auf 7°53' und 15°41' mit der Natur der Venus bzw. Des Jupiter.

Findet man indes den Signifikator irgendeiner Angelegenheit in Konjunktion mit einem der gerade aufgezählten wohltätigen Fixsterne, wird man auf günstigen Einfluss pochen, auf gute Fortschritte und ein entsprechendes Ende.

Anmerkung des Übersetzers: auch hier wird im Folgenden mit einer auf die heutige Zeit aktualisierten Tabelle versucht, die von Bonatti gerade aufgezählten wohltätigen Fixsterne näher zu definieren.

Position gemäss Bonatti (korrig. auf 2025)	tatsächliche Position 2025	Zeichen	Traditioneller Name	Astronom. Bezeichnung	Qualität gemäss Bonatti
15° 34'	14° 40'	Widder	Alpheratz	α-And	Ju-Ve
6° 29'	5° 29'	Stier	Caph	β-Cas	Jupiter
11° 31'	12°43'	Stier	Anisan	β-Tri	Venus
18° 35'	21°13'	Stier	Albotein	δ-Aries	Venus
19° 29'	21°13'	Stier	Albotein	δ-Aries	Venus
29° 30'	29°7'	Zwillinge	Betelgeuze	α-Orion	Jupiter

1° 36'	00° 18'	Krebs	Alam	θ-Aur	Jupiter
12° 30'	14° 26'	Krebs	Sirius	α-CMa	Jupiter
9° 33'	09° 05'	Löwe	Asellus-A.	δ-Cnc	Jupiter
19° 32'	21° 04'	Löwe	Algenubi	ε-Leo	Ju-Ve
14° 35'	13° 47'	Jungfrau	Sheratan	θ-Leo	Ve-Mo
24° 23'	24° 12'	Waage	Spica	α-Vir	Ju-Ve
25° 13'	24° 35'	Waage	Arcturus	α-Boo	Ju-Ve
20° 23'	19° 44'	Skorpion	Zubenesham	β-Libra	Jupiter
23° 29'	24° 39'	Skorpion	Hadar	β-Cen	Jupiter
25° 13'		Skorpion			Jupiter
29° 42'	29° 50'	Skorpion	Rigil Kenta	α-Cen	Jupiter
18° 13'	18° 20'	Schütze	Sabik	η-Oph	Jupiter
20° 43'	22° 48'	Schütze	Rasalhague	α-Oph	Jupiter
12° 31'	12° 45'	Steinbock	Nunki	σ-Sgr	Jupiter
18° 13'	16°.37'	Steinbock	Albaldah	π-Sgr	Jupiter
17° 39'	15° 40'	Fische	Achernar	α-Eri	Venus
25° 27'	23° 51'	Fische	Markab	α-Peg	Jupiter

101.

In Geburts-, wie auch in Fragehoroskopen gilt es zu bestimmen, welcher Planet die Lebensjahre beschneidet [d.h. der «Anareta», gr. «Zerstörer» ist], ja gar das Leben des Geborenen gänzlich auslöscht bzw. als «Vereitler» in Bezug auf das Zustandekommen einer Angelegenheit in Erscheinung tritt. Er zeigt sich in einem Horoskop als Stärkster in Bezug auf Würde oder Macht.

«Mashallah» [Māšā'allāh Ibn-Aṯarī (* vor 762; † ca. 815), jüdischer Astronom und Astrologe] hielt dies jedoch geheim, mit Ausnahme gegenüber einem ausgewählten Schüler, der sich «Mashallah»'s Entdeckung schliesslich aus Eitelkeit selber zuschrieb.

Hat man also [in einem Horoskop] den «Zerstörer» [«Anareta»] ausfindig gemacht, schaue man nach, welchen Planeten der Aszendentenherrscher oder der Mond aspektiert (der, wie bereits ausgeführt, in jeder Angelegenheit als Mitsignifikator gilt), oder der Signifikator des Fragegegenstands, und der Monddispositor, oder einer oder mehrere von ihnen; denn falls er einen rückläufigen oder «verbrannten», oder in einem «fallenden Haus» stehenden Planeten, bzw. ihn nicht empfangenden Übeltäter [Mars; Saturn] aspektiert, oder wenn er von einem Übeltäter dahingehend angegriffen ist, dass dadurch das Licht des Signifikators abgeschnitten ist, finden wir die Angelegenheit dadurch vereitelt und die Lebensdauer eines Geborenen auf ein nur kurzes Leben hin beschnitten.

Aspektieren ferner Aszendentenherrscher, Mond oder der Signifikator des Fragegegenstands einen von Aspekten der Übeltäter zwar selber verschonten Planeten, der sich jedoch von einem auf eben beschriebene Weise versehrten weiteren Planeten aspektiert sieht, so findet man die Angelegenheit immer noch, obwohl anfangs auf scheinbar gutem Wege, zum Scheitern verurteilt bzw. das Leben eines Geborenen unerwartet ausgelöscht, selbst wenn zunächst alles auf das genaue Gegenteil hingedeutet hat. Und dies geschieht auch ohne Aspekt zum tötenden

Planeten [d.i. «Anareta»], falls sich allein schon der Signifikator oder der Mond im gerade beschriebenen Sinne versehrt sehen.

102.

Will man die für die Beantwortung einer Frage bestimmenden Signifikatoren des Fragestellers, sowie des Fragegegenstands identifizieren, ist es hilfreich darauf zu achten, ob sie je einen Aspekt mit dem Mond bilden. Ist dies der Fall, kann dies insofern als Indiz gelten, als es die Verwirklichung der Angelegenheit andeutet. Fehlt hingegen ein solcher Aspekt der beiden in Frage kommenden Signifikatoren mit dem Mond, ist vom Gegenteil auszugehen.

Zudem lassen sich aus [der Qualität] dieser Aspekte Rückschlüsse auf den Inhalt der Frage ziehen.

Ebenfalls widerspiegeln sollte sich das Fragethema bzw. dessen Ausgang in den «Dispositoren» der Zeichen, aus denen heraus sich ein solcher Aspekt bildet; denn wenn es sich bei einem der «Dispositoren» um einen «Wohltäter» handelt, ist, je nach dessen Zustand und der Bedeutung des Zeichens und des Hauses, in dem er steht, sowie der Stellung seines eigenen «Dispositors», ein positiver Ausgang zu erwarten.

Handelt es sich hingegen beim «Dispositor» der sich aspektierenden Signifikatoren um einen «Übeltäter», ist, analog zum gerade über einen «Wohltäter» gesagten, je nach Stellung und Zustand des «Übeltäters», eine ungünstiger Ausgang zu erwarten.

So vermag man aus dem bevorstehenden Aspekt bzw. der «Übertragung des Lichts» des Zeichenherrschers (bzw. dem in diesem «erhöhten» oder in einer der beiden minderen Würden stehenden Planeten) auf den Grund einer Fragestellung schliessen.

Lässt sich der Fragegrund daraus jedoch nicht eruieren, lässt er sich überhaupt nicht mit Bestimmtheit ermitteln; vielmehr ist dann der Fragegrund noch unbekannt, wobei sich aus den Aspekten der «Wohl-» bzw. der «Übeltäter» ergibt, von welcher Art der Ausgang der Angelegenheit sein wird.

103.

In Geburts- bzw. Fragehoroskopen allgemeiner Art vermag man aus der Thematik des Hauses [und/oder des Zeichens], in dem sich der «Glückspunkt» befindet, erkennen, woraus das Vermögen oder die Profite des Geborenen erwachsen; vorausgesetzt der «Glückspunkt» sei dabei gut disponiert [also bei starker Stellung seines «Dispositors»].

Steht der «Dispositor» des «Glückspunkts» [nämlich] in schwacher Position, erweist sich der «Glückspunkt» als Ursache von Missgeschick und von Verlusten.

Anmerkung [Coley's]: Wilson und die meisten modernen Astrologen schenken dem «Glückspunkt» bei der Deutung von Geburtshoroskopen keine Beachtung. In der Stundenastrologie hat er sich hingegen als sehr aussagekräftig erwiesen.

104.

Steht in einem Geburts- oder allgemeinen Fragehoroskop der Signifikator des Geborenen bzw. des Fragestellers in seinem «Exil» bzw. in Opposition zum Aszendentenherrscher, so kann der Geborene, respektive der Fragesteller keinerlei

Vorteile in Bezug auf die von diesem Zeichen [und Haus] bedeuteten Angelegenheiten erwarten.

105.

Finden wir in einem Geburts- oder Fragehoroskop einen schlecht gestellten «Übeltäter» im siebten Haus, so bedeutet dies, dass der Geborene mit seiner Gattin, Freundin oder Gefährtin nicht in Frieden oder Freude wird leben können, sondern er sich mit dieser in ständigem Zwist und Zank befindet. Unter dieser Konstellation konnte kaum je etwas Anderes festgestellt werden.

Anmerkung Coley's: Ist ein Fragesteller unverheiratet, wird sich dieser im Falle eines solchen Übeltäters im siebten Haus allenfalls seitens «offener Feinde», Geschäftspartner oder anderer durch dieses Haus bedeuteter Personen in Bedrängnis befinden.

106.

Finden wir in einem Geburts- bzw. Fragehoroskop einen günstig stehenden und von hinderlichen Aspekten freien «Wohltäter» im siebten Haus, wird der Geborene oder Fragesteller mit einer guten Gattin und guten Kollegen glücklich verbunden sein.

Dennoch wird er sich auch mit vielen Rivalen und ihn scheinbar grundlos hassenden Widersachern konfrontiert sehen, wobei eher aus Neiderei als wegen konkreter Streitpunkte; so dass er seine Unternehmen und Pläne nur selten ohne viel Mühe und Schwierigkeiten zum Erfolg wird führen können.

107.

Steht Mars in einem Geburts- oder Fragehoroskop günstig disponiert im zweiten oder zehnten Haus, bedeutet dies für den Geborenen bzw. den Fragesteller Vermögens- oder Grundstücksgewinn durch Personen, die mit Feuer und Eisen handeln oder arbeiten, wie Schmiede, Giesser, Glasbläser etc., oder durch Lebensmittelhändler, Kneipen- oder Gastwirte.
Steht Mars dabei jedoch schwach oder versehrt, so ist entsprechend mit Verlusten und Schaden zu rechnen.

108.

Aspektiert ein Planet zwei Häuser[spitzen], so soll seine Charakteristik und Stärke in dem Haus gelten, wo ihm die meisten Würden zukommen, und das am besten zu seiner Charakteristik passt.

109.

Finden wir den Herrscher des fünften versehrt im siebten Haus, wird dem Geborenen an Festen und Banketten kaum je Glück beschieden sein.

Solchen Anlässen gegenüber entweder abgeneigt oder nachlässig, wird er dort höchstens vor den Kopf gestossen. Und da er zu solchen Anlässen erst gar nicht in angemessener Kleidung erscheint, wird ihm Geltung versagt bleiben.

110.

Ein Geborener mit Skorpionaszendent wird in der römisch-katholischen Kirche kaum je zu Rang und Namen gelangen. Dies weil der Krebs (das Erhöhungszeichen von Jupiter, dem natürlichen Signifikator der Geistlichkeit (Priester, Pfarrer, etc., etc.)), dabei ins neunte Haus zu liegen kommt, welches für die Kirche steht und Jupiter mit dem Aszendentenherrscher Mars verfeindet ist.

111.

Befindet sich der «Drachenschwanz» [d.i. «absteigende Mondknoten»] in Geburts- und besonders Gerichtsfälle betreffenden Fragehoroskopen im siebten Haus, so bedeutet dies Schädigung oder gar Überwältigung der Feinde des Geborenen bzw. des Fragestellers und folglich Gedeihen von diesem, da sich dann ja der «Drachenkopf» [d.i. der «aufsteigende Mondknoten»] im ersten Haus befindet [das ja bekanntlich den Geborenen bzw. den Fragesteller selbst bezeichnet].

Der «Drachenschwanz» im Achten bedeutet für die Widersacher Schwund und Verlust ihrer Vermögenswerte und Ländereien und entsprechend für den Geborenen einen Güterzuwachs.

Beim «Drachenschwanz» im Dritten kommen die Geschwister zu Schaden; im Vierten die Eltern; im Fünften die Kinder; im Sechsten die Bediensteten; im Neunten die Reisen des Nativen bzw. Fragenden; im Zehnten sein Rang; im Elften seine Freunde; im Zwölften sein Grossvieh etc.

Und so bezüglich aller anderen durch die jeweiligen Häuser bedeuteten Entsprechungen.

Ähnlichen Schaden, nur in geringerem Ausmass, richten Saturn und Mars in den jeweiligen Häusern an.

Entsprechend kann man beobachten, wie andere unheilvolle Stellungen die einzelnen Häuserrepräsentanten beschädigen können; allerdings weniger als Saturn oder Mars, ausser Letztere zeichnen selber als Signifikatoren des Unheils.

112.

Bei jedem Geburts- bzw. Fragehoroskop gilt es dem Aszendenten strikte Beachtung zu schenken, denn falls sich dort die «Jungfrau», zusammen mit einem sich in guter Verfassung befindenden, oder zumindest unversehrten Merkur befindet, lohnt es sich für den Geborenen, Medizin zu studieren, da ihm als Arzt grossartige Heilerfolge beschieden sein werden; wobei er allerdings über die Höhe seines Gehalts oder Profits nicht glücklich wird, da viele seiner Patienten bei der Begleichung der Rechnungen säumig bleiben. Dazu kommt, dass ihm auch in Sachen Gerichtsprozesse kein Glück beschieden ist.

Macht er seine Rechte geltend, hat er in der Wahl seiner Anwälte eine unglückliche Hand und erleidet aus deren unqualifizierten Arbeitsweise Herabsetzung und Rufschädigung.

Und meldet er sich selbst zu Wort, selbst wenn sein Vortrag von Nützlichkeit und Weisheit geprägt ist, so findet er sich vom Publikum unbeachtet bzw. verschmäht, wobei dieses ihm gar den Vortrag eines Narren bzw. Idioten vorzieht, obwohl einige Wenige den Wert seiner Worte werden zu schätzen wissen.

In den meisten Angelegenheiten bei denen er sich engagiert hat er kein Glück, da er sich grundlos angefeindet und verschrien sieht.

Ganz anders verhält es sich hingegen wenn der Schütze, Stier oder die Fische am Aszendenten, und Jupiter, Venus und Merkur im ersten Hause stehen, oder wenn Jupiter und Venus sich gerade im «Zaminium» [d.i. «Cazimi»], d.h. im Herzen der Sonne [d.i. innerhalb der Sonnenscheibe] befinden; dann wird der Geborene nämlich als Prophet verehrt und jedes seiner Worte als Orakel, oder als Schicksalssprüche aufgefasst.

113.

Bei einem «würdelos» im 9. Haus stehenden «Übeltäter» sieht sich ein Geborener immer wieder grundlos wie auch begründet Beschuldigungen und Anklagen ausgesetzt.

Befindet sich hingegen ein unter gutem Einfluss stehender «Wohltäter» (speziell bei guten Würden) im Neunten, wird dem Geborenen selbst dann Ruhm, Applaus und Ehre zu Teil, wenn dazu gar kein Grund ersichtlich ist.

114.

Beherrscht ein «Wohltäter» das achte Haus und steht dabei im Zweiten, so erwarten den Geborenen bzw. Fragesteller beträchtliche Vermögensgewinne seitens Verstorbener, seiner Widersacher bzw. seiner Ehefrauen. Dies gilt besonders dann, wenn ein solcher Planet von Behinderungen frei ist oder in Würden steht.

Findet sich hingegen ein «Übeltäter» an dieser Stelle, droht, falls nicht in guten Würden oder unter sonstigen günstigen Einflüssen, Vermögensminderung bis hin zum Konkurs.

Ein hoffnungsloser Totalverlust ist besonders dann zu fürchten, wenn der besagte «Übeltäter», [akzidentiell] ungünstig, auch noch bar jeder [essentiellen] Würde steht.

115.

Findet sich das achte Haus bzw. dessen Herrscher in angegriffenem Zustand, sieht sich ein Fragesteller bzw. Geborener zu einem durch den Tod seiner Ehegattin verursachten Vermögensverlust verurteilt.

116.

Die Häuser, in denen wir versehrte oder behinderte Planeten vorfinden, deuten Verletzungen und Schäden in den von ihnen symbolisierten Lebensbereichen an.

Dasselbe gilt, wenn der zugehörige Hausherrscher versehrt oder behindert ist.

Handelt es sich bei diesen Planeten hingegen um «Wohltäter», kann man dort mit Beförderung und Vorteilen rechnen.

117.

Befindet sich der «Drachenschwanz» [d.i. der «absteigende Mondknoten»] im vierten Haus, verschleudert der Fragesteller bzw. der Geborene seine gesamten Einnahmen und bringt es zu Nichts.

Überhaupt richtet der «Drachenschwanz» dem Geborenen in jedem Haus, in dem er sich findet, Schaden an; und zwar im von der jeweiligen Hausbedeutung angezeigten Lebensbereich.

118.

In demjenigen Lebensbereich, der durch ein Haus symbolisiert wird, in dem sich ein günstig und stark stehender, gut disponierter und unversehrter «Wohltäter» befindet, erzielt der Geborene oder Fragesteller Gewinn und Vermögenszuwachs; im Falle von versehrten Häusern ist entsprechend das Gegenteil zu erwarten.

119.

Befindet sich der Herrscher des zweiten Hauses im Siebten mit Widder, Skorpion, Steinbock oder Wassermann an dessen Spitze [d.i. DC], so wird es den Feinden des Geborenen leicht fallen, sich dessen Besitz und Rechte unter den Nagel zu reissen.

Geht der unter dieser Konstellation Geborene Partnerschaften ein, wird er sich in diesen beraubt finden.

Auch bezüglich seiner Ehegattin oder Geliebten hat sich ein so Geborener auf Betrügereien und Diebstahl gefasst zu machen.

Findet sich dabei allerdings der Aszendentenherrscher in einem Trigon oder Sextil, bzw. in einem anderen, eine Rezeption mit einschliessendem Aspekt mit dem Herrscher des Siebten, so hebt sich das oben beschriebene Missgeschick dadurch auf.

120.

Befindet sich der jeweilige Herrscher der Häuser Drei [Geschwister], Vier [Eltern], Fünf [Kinder], Sechs [Bedienstete], Neun [Priester], Elf [Freunde] oder Zwölf [heimliche Feinde] im siebten Haus, wird sich eine von diesen Häusern definierte Person als Gegenspieler des Geborenen erweisen, ausser es interveniert dabei eine mit einem Trigon oder Sextil verbundene, «perfekte Rezeption» [damit kann eigentlich nur eine gegenseitige Rezeption zwischen dem Aszendentenherrscher und dem besagten Planeten im Siebten gemeint sein, bzw. der Fall, dass der «Dispositor» des im Siebten stehenden Planeten gleichzeitig Aszendentenherrscher und dazu im Begriff ist, ein Trigon oder Sextil mit dem Planeten im Siebten einzugehen].

Bereits ein mit einer Rezeption verbundenes Quadrat oder eine Opposition wird die Gegnerschaft mildern, jedoch nicht gänzlich zum Verschwinden bringen.

Also werden sich beim Herrscher des Dritten [im Siebten] die Geschwister [des Geborenen] als seine Gegenspieler erweisen; beim Vierten dessen Eltern; beim Fünften dessen Kinder etc.

Auch wird er im Umgang mit diesen Personen unter dem Strich mehr verlieren als gewinnen; und wenn diese ihm zuweilen wohlwollend gegenübertreten, dann bloss äusserlich und dem eigenen Vorteil im Hinterkopf.

121.

Befindet sich der Mond im achten, sowie gleichzeitig der Aszendentenherrscher rückläufig im ersten, zweiten oder zwölften Haus, steht dem Geborenen bzw. dem Fragesteller bei Würfel- bzw. anderen Glückspielen Fortuna nicht bei.

122.

Befindet sich der «Glückspunkt» gemeinsam mit dem «Drachenkopf» [d.i. dem «aufsteigenden Mondknoten»], dem Mond, einer direktläufigen Venus und einem direktläufigen Jupiter innerhalb der ersten zehn Grade des vierten Hauses, bedeutet dies Glück des Geborenen bei der Schatzsuche.

Steht diese Konstellation in den zweiten zehn Graden [des Vierten], bzw. mit bloss zweien dieser Planeten, wird der Geborene [bei der Schatzsuche] immer noch fündig, jedoch eines Schatzes geringeren Umfangs.

In den letzten zehn Graden, und einem weiteren Planeten weniger, kann er immer noch mit einem beachtlichen Schatz rechnen.

Mit ausschliesslich unversehrtem «Glückspunkt» [im Vierten] wird es ein Schatz von bloss geringem Wert sein.

Aspektiert die Sonne einen solchen «Glückspunkt» mit Trigon oder Sextil, besteht der Schatz aus Goldstücken; falls der Mond solche Aspekte wirft, sind es Silberstücken; bei Jupiter ist Gold und Silber gemischt zu erwarten; bei Venus Juwelen, Medaillons und vorwiegend Frauenschmuck.

Bei rückläufigem Jupiter bzw. rückläufiger Venus entdeckt der Geborene den Schatz zwar, vermag jedoch, da er schliesslich jemand anderem in die Hände fällt, nicht davon zu profitieren.

Aspektiert der Herrscher des Achten den Aszendentenherrscher mit einem Quadrat oder einer Opposition, droht dem Finder in Zusammenhang mit dem Schatz der Tod; bei einem entsprechenden Trigon oder Sextil hingegen eine lediglich leichte Erkrankung.

Steht an Stelle des «Drachenkopfs» entsprechend der «Drachenschwanz» im Vierten, wird der Geborene zwar fündig, der Schatz wird ihm jedoch wieder entrissen, bzw. vermag er dessen Wert nicht richtig einzuschätzen und gibt ihn zu einem Spottpreis weg; und falls dabei der Mond, sich gerade vom Aszendentenherrscher trennend, auf einen Aspekt mit einem, ihn behindernden «Übeltäter» zuläuft, wird auch der Profiteur kaum Nutzen daraus ziehen können.

Falls Mars bzw. der Herrscher des Achten den Aszendentenherrscher aspektiert, werden diejenigen, denen der Geborene den Schatz zum Kauf anbietet, ihm diesen entreissen und ihn dabei umbringen.

Befinden sich jedoch Mars und Saturn an Stelle von Venus und Jupiter, handelt es sich beim Schatz bloss um Bronze, Kupfer oder Blei, und wenn der Aszendentenherrscher dabei noch in deren [d.i. Mars und Saturn] Nähe steht, wird der Finder des Schatzes, unabhängig von dessen Wert, seines überdrüssig.

123.

Befinden sich Sonne und Mond in einem Geburts- oder Fragehoroskop in Bezug auf ihren Längen- und Breitengrad in einer exakten Konjunktion [d.i. eine totale Sonnenfinsternis], wobei ein Wohltäter [d.i. Venus oder Jupiter] innerhalb 15' über bzw. 24' unter dem Aszendenten steht, deutet dies darauf hin, dass dem Geborenen das Glück beschieden sein wird, sich umfangreichen Grundbesitz und reiches Geldvermögen anzueignen.

Beschränkt sich die Exaktheit der Konjunktion jedoch bloss auf den Längengrad [d.h. falls überhaupt, bei einer höchstens partiellen Sonnenfinsternis] und liegen Sonne und Mond dabei nicht mehr als 15' auseinander, wird der Geborene bzw. Fragesteller in seinem Vermögenserwerb immer noch vom Glück gesegnet sein; dies jedoch in desto geringerem Ausmass, je grösser sich der Orb dieser Neumondkonjunktion bemisst.

Eine glückliche Hand bei der Vermögensbildung, und zwar seitens seiner Gattin, seiner Kameraden oder seiner Widersacher, kann ein Geborener bzw. Fragesteller auch bei einer Neumondstellung von mehr als 15' Orb erwarten, falls sich nämlich bei exaktem Vollmond gerade ein Wohltäter im siebten Haus befindet.

Findet eine solche Neumondstellung erst noch im Stier bzw. im Löwen im ersten Haus und besser noch exakt auf dem Aszendenten statt, wobei der Mond [und entsprechend auch die Sonne] von keinem der Übeltäter bedrängt sein dürfen, wird der so Geborene zu viel Geld kommen und dazu wird ihm ein hohes Mass an Gunst und Ehre zuteil werden.

Befindet sich in diesen Fällen hingegen ein Übeltäter an Stelle des besagten Wohltäters im siebten Haus, deutet dies auf seitens der Ehefrau, der Kumpane bzw. Gegenspieler zugefügte Vermögensverluste und ev. gar Bankrott hin.

124.

Sucht man in einem Geburts- oder Fragehoroskop Aufschluss sowohl bezüglich der Vermögensverhältnisse, als auch der Aufstiegsmöglichkeiten, des gesellschaftlichen Ansehens oder des Berufs des Geborenen bzw. des Fragestellers zu gewinnen, so richte man sein Augenmerk auf den Herrscher des zehnten Hauses bzw. auf den des Aszendenten, falls sich die Position des Herrschers des Zehnten gegenüber der Aszendentenherrschers als zu schwach erweist.

Denn falls der Herrscher oder «Almuten» [arab. «der Siegreiche»] des Zehnten bei Tage der Sonne bzw. nachts dem Mond unversehrt voraus geht [d.i. östlich von ihm steht], und dies als «oberer Planet» [d.i. Saturn, Jupiter bzw. Mars] in einem Abstand von 60° bis hin zu 90°, bzw. als «Unterer» [d.i. Venus, Merkur, Mond] bis hin zu 30°, sowie das Ganze im zehnten Haus, bzw. 30' über respektive 90' unter dem Aszendenten, bedeutet dies, dass der Geborene den Beruf und das gesellschaftliche Ansehen seiner Vorfahren zwar erreichen, jedoch nicht über dieses hinaus gelangen wird, selbst wenn er sich in seinem Fach tüchtiger, vortrefflicher und vollkommener als jeder seiner Vorfahren erweist.

Das Gleiche gilt, wenn der Herrscher des Zehnten sich in Konjunktion mit dem herrschenden Tageslicht, namentlich mit dem Mond und im Falle der Sonne, insbesondere in deren «Herz» [d.i. «Cazimi»] bzw. mit dem «Glückspunkt» befindet.

Findet sich aber am Aszendent oder in der Himmelsmitte einer der Hilfe und Glück versprechenden Fixsterne [vgl. 100. Erwägung] in Konjunktion mit dem Signifikator des Schicksals bzw. der Berufung [d.i. des zehnten Hauses] oder mit einem anderen Planeten, wird der Geborene bzw. Fragesteller seine Väter an Ansehen überragen.

Handelt es sich dabei um die Konjunktion eines Fixsterns erster Grössenordnung mit einem der Hauptsignifikatoren, wird der Geborene bzw. der Fragesteller zu erheblichem, ja fast unvorstellbarem Ansehen und Reichtum gelangen.

Bildet dabei der Aszendent die Konjunktion mit dem [grossen und wohltätigen] Fixstern, erlangt der Geborene bzw. Fragesteller seinen Ruhm und seine Ehre kraft seiner Persönlichkeit.

Bei einer Konjunktion des Fixsterns mit dem Herrscher des zweiten Hauses, verdankt er Ruhm und Ehre seinem Vermögen; mit dem Herrscher des Zehnten, seinen Ämtern, seiner Befehlsgewalt oder seiner Machtbereich. Dies alles gilt selbst für aus ärmlichen und einfachen Verhältnissen stammende Personen; ja, je einfacher ihre Herkunft, desto höher ihr Aufstieg.

Nur wird solches selten lange dauern, da sie kaum je ein höheres Alter als 27 bis 30 Jahre erreichen; und je steiler ihr Aufstieg, desto schmerzlicher, elender und verhängnisvoller ihr, in einen schmachvollen, jämmerlichen Tod mündender Fall, der, falls sie ihn abwenden können, ihrem direkten Nachkommen blüht.

125.

Steht in einem Geburts- bzw. Fragehoroskop ein von einem Doppelzeichenherrscher dominiertes Zeichen [das sind sämtliche Sternzeichen mit Ausnahme von Krebs und Löwe] am Aszendent, so finden die Herausforderungen und Problembereiche des Geborenen bzw. Fragestellers vor allem im demjenigen Lebensbereich statt, der durch das Haus symbolisiert wird, welches von dem Zeichen angeschnitten wird, das den gleichen Planeten zum Herrscher hat wie der Aszendent [z.B. bei einem Schützeaszendenten ist das das dritte oder das vierte, da von den Fischen angeschnittene Haus; denn die Fische werden, gleich wie der Schütze von Jupiter regiert etc.]. Er wird diese Herausforderungen und Probleme wie von selber und durch seine Veranlagung bedingt in sein Leben treten sehen.

Bei einem Widderaszendenten wird der Horoskopeigner von den Dingen gefordert, die Ursache seines Todes oder Niedergangs werden, weil der Skorpion als paralleles Marszeichen dann im achten Haus steht. Aber falls Mars gut disponiert ist und sich der Glückspunkt dabei auch noch im achten Haus befindet, wird er sich in allen vom achten Haus bezeichneten Bereichen vom Glück begünstigt sehen.

Steigt der Stier im Osten auf, sieht sich der Geborene vornehmlich von Krankheitsursachen herausgefordert, da die Waage als Parallelzeichen der Venus dann in seinem sechsten Haus steht. Bei einer gut disponierten Venus und Glückspunkt im Sechsten, wird er sich hingegen in allen Angelegenheiten des sechsten Hauses vom Glück begünstigt sehen.

Bei einem Zwillingsaszendent fordern ihn mit seiner Herkunft zusammenhängende Angelegenheiten heraus, da die Jungfrau, das Parallelzeichen Merkurs, dann an der Spitze des vierten Hauses steht. Ist Merkur dabei gut disponiert und dazu der Glückspunkt im Vierten, wird er in den Angelegenheiten des vierten Hauses eine glückliche Hand haben.

Steht die Jungfrau am Aszendenten, sieht er sich von Angelegenheiten herausgefordert, die ihm Ehre und Macht verleihen, da dann die Zwillinge, das Parallelzeichen Merkurs, im Zehnten stehen. Findet sich der Merkur dabei in Konjunktion mit dem Glückspunkt im Ersten, wird er königliche Einkünfte erzielen und steht er also gar günstig und stark mit dem «Herrschaftspunkt» [«Pars Regni», damit ist wahrscheinlich der im 8. Traktat, Teil 2 des Liber Astronomiae beschriebene

Punkt gemeint, der sich folgendermassen berechnet: bei Tage: ASC + Mond – Mars, nachts: ASC + Mars - Mond] im Zehnten, so wird der Horoskopeigner zweifellos zum König gekrönt oder zum Oberkommandierenden ernannt. Falls dabei der Glückspunkt und der Mond ebenfalls im Zehnten stehen, findet er sich zwangläufig als mächtiger Prinz wieder.

Falls die Waage am Ostpunkt steht, sieht er sich mit Situationen konfrontiert, die geeignet sind sein Verderben herbeiführen, wobei er selber Grund oder Anstoss dieses Verderbens darstellt, denn das Parallelzeichen der Venus, der Stier, steht dabei im Achten. Findet sich die Venus dabei aber gut disponiert und der Glückspunkt im Achten, wird er sich in den vom achten Haus symbolisierten Angelegenheiten favorisiert finden.

Bei einem Skorpionaszendenten sieht sich der Geborene bzw. Fragesteller ganz besonders von Krankheiten herausgefordert, da der Widder dabei ins Sechste zu stehen kommt.

Mit Schützeaszendent sieht er sich gerne mit selbstverschuldeter Gefangenschaft konfrontiert, weil dann die Fische im Vierten stehen.

Bei Steinbock im Aufstieg bringt ihm sein Fleiss viel Einnahmen, da der Wassermann also im Zweiten steht. Findet sich dabei ein gut disponierter Saturn oder der Glückspunkt im zweiten Haus, sieht er sich in Angelegenheiten des zweiten Hauses vom Glück gesegnet.

Ist Saturn hingegen schlecht disponiert, verschleudert der Horoskopeigner sein Vermögen für unnützes Zeugs.

Mit einem Aszendent Wassermann zieht er sich wegen Steinbock im Zwölften viele heimliche Feinde zu.

Findet sich dabei ein gut disponierter Saturn oder der Glückspunkt im zwölften Haus, steht ihm in Angelegenheiten des zwölften Hauses das Glück zur Seite.

Bei einem Aszendenten Fische findet er sich selber als Grund für seinen Macht- und Ansehenserwerb etc., entsprechend dem bereits über den Jungfrau-Aszendenten gesagten.

126.

Findet sich in einem Frage- oder in einem Geburtshoroskop Merkur im Steinbock oder Wassermann als Haupt- oder Nebensignifikator in günstiger [in guten «akzidentiellen Würden»] und starker Position [in guten «essentiellen Würden», d.i. in einem Nachthoroskop im Wassermann (in seiner Triplizität), bzw. in den je ersten sechs Graden Steinbock oder Wassermann (in seinen Grenzen) bzw. im 2. Wassermanndekanat (in seinem Gesicht)], wird sich der Horoskopeigner durch eine tief- und scharfsinnige Verständigkeit auszeichnen und bekannt sein als Einer, der den Dingen auf den Grund geht und vorauszusehen vermag, in welche Richtung sich die Dinge entwickeln; dies umso mehr, falls dabei auch ein günstig stehender Saturn einen freundlichen Aspekt auf diesen Merkur wirft und ganz besonders bei Merkur im Wassermann, dem Zeichen in dem Saturn seine Freude hat. Und noch mehr, falls ein Wohltäter zusammen mit Merkur bei einem Glück verheissenden Fixstern steht [d.i. vor allem Wega auf 15°48' Steinbock und Altair auf 2° Wassermann].

Steht Merkur hingegen im Widder oder im Skorpion, finden wir den Geborenen frech, hinterlistig, wankelmütig, arrogant und dennoch von guter Auffassungsgabe, welche sich geschickt mit fremden Federn zu schmücken und fremde Ideen abzukupfern weiss.

127.

Ist Saturn oder Mars in einem Geburtshoroskop Aszendentenherrscher und dabei einziger Geburtsherrscher [d.i. «Almuten»], ohne dass ein Wohltäter daran Teil hat [d.i.mit Aspekt oder Rezeption], fällt der Geborene durch einen eigentümlichen Geschmack auf.

Im Falle Saturns findet er dann, wie «Ptolemäus» beteuert, an sauren und faden Dingen gefallen; währenddessen Mars es gerne scharf und bitter hat. Letzterer findet ausserdem Geschmack an gammligem Fleisch, verdorbenem Wein und welkem Gemüse. Genauso zeigt er eine Vorliebe für Kerzenstummel, Mistgeruch etc. In Sachen Frauen entscheidet er sich mit Vorliebe für die Ungepflegten, Schmutzigen und Unansehnlichen.

Handelt es sich beim Geborenen selber um eine Frau, findet man diese oft zusammen mit der unattraktivsten Sorte Mann.

128.

Finden wir in einem Geburtshoroskop ein «menschliches Zeichen» am Aszendenten [d.i. Zwillinge, Jungfrau, die erste Hälfte Schütze, Wassermann] bzw. den Aszendentenherrscher in einem solchen Zeichen, hat man es beim Geborenen mit einem ehrlichen, geselligen und gutnachbarlichen Menschen zu tun. Dies besonders dann, wenn sowohl der Aszendent, als auch das vom Aszendentenherrscher besetzte Zeichen «menschlich» sind.

Entspricht der Aszendent hingegen den Tieren, welche der Mensch für gewöhnlich zu Arbeitszwecken einsetzt, wie Widder, Stier, die zweite Hälfte Schütze und Steinbock, trägt der so Geborene gegenüber seinen Mitmenschen gehorsame und bescheidene Persönlichkeitszüge, wobei auch er sich sehr gesellig zeigt.

Steht hingegen ein Zeichen mit einem halbzahmen Tier wie Krebs und Fische am Aszendenten, zeigt sich ein so Geborener bereits weniger gesellig; während wir es im Falle von wilden, angriffigen oder geifernden Tieren wie Löwe und Skorpion schnell einmal mit einer ungehobelten, bissigen Persönlichkeit zu tun haben, der sich mit Vorliebe in der Wildnis aufhält, um dort der Jagd, Beutezügen und der Räuberei zu frönen. Ein so Geborener kümmert die Gesellschaft mit anderen Menschen wenig, so dass er selten lange bei seinen Eltern oder nächsten Verwandten lebt.

129.

Befindet sich in einem Geburtshoroskop der Mond bei Vollmond [d.i. in Opposition zur Sonne] in Konjunktion mit einem «verschwommenen» Fixstern wie «Al-Thurayya» [lat. «Athozaic», das sind die «Plejaden»], dem «Kopf der Zwillinge» [dabei dürfte es sich um «Castor» handeln] und der Kehle des Löwen (von denen man sagt, sie befinden sich nicht weit von dessen Herz [d.i. «Regulus»] entfernt), oder einem Anderen unscharf Leuchtenden, wobei der Orb in Länge und Breite nicht mehr als 10' betragen darf, scheint es unvermeidbar, dass der unter dieser Konstellation Geborene an einer unheilbaren Augenkrankheit leiden wird.

Steht ein abnehmender und dabei in einem Eckhaus stehender Mond mit einer solchen Konjunktion dabei auch noch in der Nähe von Saturn und Mars und östlich der Sonne; oder steht die Sonne dabei während eines Vollmonds in einem Eckhaus, bedeutet dies, dass der Geborene zum Zeitpunkt seines Todes auf beiden Augen blind sein wird, ohne dass zuvor eine Chance, dies zu verhindern, bestanden hätte.

Befindet sich jedoch bloss eines der Lichter [d.i. Sonne oder Mond] in einer solchen Konjunktion mit einem dieser Fixsterne, verliert der Geborene bloss ein Auge. Bildet dabei die Sonne im Horoskop eines Mannes diese Konjunktion, wird es sein rechtes Auge sein und bei einer Frau ihr Linkes. Im Falle einer solchen Fixsternkonjunktion des Mondes verliert ein unter der Konstellation geborener Mann sein linkes Auge, währenddessen eine Frau auf ihrem Rechten erblindet.

130.

Bildet in einem Geburtshoroskop, bei dem weder Zwillinge, Krebs noch Jungfrau Aszendent sind und steht dabei in einem Tageshoroskop Saturn; in einem Nachthoroskop Mars in einem Eckhaus und bildet dazu der Mond mit Merkur weder eine Konjunktion noch einen sonstigen Aspekt, bzw. findet zwischen diesen Beiden auch keine «Übertragung des Lichts» mittels eines dritten Planeten statt, so ist beim Geborenen mit einem irren, verrückten, von Anfällen heimgesuchten, linkischen oder zumindest ausgesprochen vergesslichen Geisteszustand zu rechnen; ausser ein sehr stark gestellter «Wohltäter» aspektiert den Aszendenten, den Merkur oder den Mond.

Umso schlimmer verhält es sich, wenn einer der «Übeltäter» sich dabei im Zeichen Krebs befindet, wo Jupiter erhöht ist, bzw. in der Jungfrau, dem Erhöhungszeichen Merkurs, oder auch in den Fischen, dem Erhöhungszeichen der Venus.

Der Grund dafür liegt darin, dass der Mond in Geburtshoroskopen als allgemeiner Signifikator der Persönlichkeit des Geborenen zu betrachten ist, während der Planet, mit dem er dort verbunden ist seine Talente und Fähigkeiten anzeigt.

Deshalb zeichnet sich der Geborene, falls der Mond mit einem Planeten [damit ist gemäss Kontext wohl Merkur gemeint] durch Konjunktion oder einen anderen Aspekt verbunden ist, durch Urteilsvermögen und Kontrolle über seine Sinne, sowie seinen Geist aus.

Steht Merkur dabei auch noch im Steinbock oder im Wassermann legt der Geborene ausserdem aussergewöhnlichen Scharfsinn und Züge von grosser Weisheit an den Tag.

Bei zusätzlich Jupiter und Venus im «Herzen der Sonne» («Cazimi»), wird dem Geborenen nachgerade Ansehen als Heiliger zugemessen, bzw. als eine Art Prophet, dessen Worte von seinen Mitmenschen als aus höherer Quelle fliessende Orakel aufgenommen werden.

131.

Befinden sich in einem Geburtshoroskop Sonne und Mond je in einem männlichen Zeichen [d.i. in Feuer- oder Luftzeichen] bzw. in einem männlichen Quadranten [also im Zweiten respektive Vierten] oder haben wir es mit einem Neumond [d.i. Sonne-

Mond-Konjunktion] in einem männlichen Zeichen zu tun, so legt der Geborene typisch männliche Charakterzüge und Verhaltensweisen an den Tag.

Handelt es sich dabei um das Geburtshoroskop einer Frau, ist die Geborene ein Mannsweib, das in Männerdomänen mitzumischen pflegt und Männern mit Geringschätzung begegnet.

Falls sie überhaupt heiratet, lässt sie es gegenüber ihrem Ehemann an Respekt und Fügsamkeit fehlen.

Stehen im Geburtshoroskop eines Mannes Venus und mit Mars in männlichen Zeichen, finden wir die Sinnlichkeit des Geborenen nur mässig ausgebildet. Er lebt diese gemäss Natur und Gesetz.

Sind sie jedoch Morgenstern [d.i. «östlich»], zeigt sich der Geborene sexuell ausschweifend und masslos. Natürliche Praktiken genügen ihm dabei nicht; sondern er legt ein Verlangen nach Abartigkeiten an den Tag, wobei er sich, Frauen gering schätzend, von Männern benutzen lässt.

Mit Venus und Mars als Abendsterne [d.i. «westlich»] und in weiblichen [d.i. Wasser und Erde] Zeichen, finden wir eine Vorliebe für unnatürlichen und unsauberen Geschlechtsverkehr; dies besonders wenn Saturn (der für unsaubere Sexualpraktiken steht) dabei Aspekte bildet.

Mars und Venus als Morgensterne in männlichen Zeichen im Geburtshoroskop einer Frau lässt uns diese als Verächterin männlicher Zärtlichkeit erscheinen. Lieber vergnügt sich eine unter dieser Konstellation Geborene gleichgeschlechtlich, besonders mit Mädchen.

Laufen Mars und Venus in ihrem Geburtshoroskop hingegen als Abendsterne in weiblichen Zeichen, finden wir die Geborene männlicher Zärtlichkeit genüsslich zugetan.

Und falls Jupiter in einem männlichen oder auch weiblichen Geburtshoroskop als Abendstern in einem weiblichen Zeichen steht, ohne dass für Mars im Sinne des weiter oben beschriebenen das Gleiche gilt, werden die Sexualpraktiken des bzw. der Geborenen natürlich und gesetzeskonform sein.

Ist hingegen Mars einziger Signifikator [z.B. bei AC Skorpion], ohne das Jupiter ihn aspektiert, verstösst das Geschlechtsverhalten eines Geborenen oft gegen weltliches und kirchliches Recht.

Ptolemäus meint dazu in seinem «Centiloquium»: «[Falls] Saturn auf der Venus steht und im siebten Haus Würden besitzt, wurde der Geborene mit unsauberem Geschlechtsverkehr gezeugt.»

132.

Nähert sich (in einem Geburtshoroskop) Mars im Stier mit einem Abstand 16' Länge und weniger einem gewissen, feurigen und seine eigene Natur tragenden Stern namens «Algol» [Caput Algol (β-Persei), arab. «al-gul»: «der Dämon», Stand 2014: 26°24' Stier, gilt als grosser Unglücksbringer, sowie als gewalttätigster und gefährlichster Fixstern am Himmel] und der Herrscher des Domizils (oder der Erhöhung bzw. zweier anderer Würden) des die Tageszeit beherrschenden Lichts [d.i. bei Tag die Sonne; nachts der Mond] (das der Herr des *An-nawbah* [dt. Stellvertreterschaft, lat. Anauba] heisst) befindet sich in Opposition oder Quadrat mit

Mars, wobei kein Aspekt eines der zum Aszendentengrad vorhanden ist und auch kein «Wohltäter» im achten Haus steht, wird der Geborene unzweifelhaft geköpft.

Und falls Mars bezüglich seiner Breite nicht mehr als 16' von Algol entfernt läuft, wird dies unfehlbar und unausweichlich so geschehen und kann höchstens von Gott noch verhindert werden.

Und falls sich der den Aszendent allenfalls aspektierende «Wohltäter» als «rückläufig» oder «verbrannt» zeigt, wird selbst ein solcher den Geborenen kaum vor dem Schafott retten, sondern dieser wird sich dann unschuldig hingerichtet finden.

Errettet hingegen ein unversehrter «Wohltäter» einen unter einer solchen Konstellation Geborenen vor einem solch üblen Tod und erlaubt ihm, in seinem Bett zu sterben, geschieht dies vor Vollendung seines 50. Lebensjahres unter schwerer Fieberkrankheit.

Findet sich Mars jedoch nicht auf diese Weise versehrt, so wird ein «Übeltäter» [d.i. Saturn] im achten Haus dennoch dazu führen, dass dem Geborenen ein unzeitiges oder schmähliches Ende bestimmt ist; ausser es fände sich dabei ein günstig stehender «Wohltäter», der ihm einen natürlichen Hinschied gewährt. Zeigt sich der «Wohltäter» hingegen versehrt, stirbt er durch ein auf ihn zukommendes Unglück.

Ptolemäus lehrt uns in seinem «Centiloquium»: «Steht das «Licht der Tageszeit» am Zenit (ich sage: unter den oben genannten Umständen), wird ein so Geborener gehängt.

Befindet sich zudem einer der «Übeltäter» in den Zwillingen und der Andere in den Fischen, werden dem Geborenen, entsprechend der Zeichenbedeutung des ungünstiger stehenden Übeltäters [die Zwillinge stehen für Hände und Arme, die Fische für die Füsse], Hände oder Füsse abgeschlagen.

Steht Mars im Löwen in Konjunktion mit dem Aszendentenherrscher und erfreut sich dabei im Aszendentenzeichen keiner Würde, noch finden sich «Wohltäter» im Achten, endet der Geborene auf dem Scheiterhaufen; ist Mars dabei auch noch «rückläufig», «verbrannt» oder in seinem «Fall», geschieht dies wegen eines Verbrechens, ansonsten aus Unglück oder wegen einer Ungerechtigkeit.»

Ptolemäus meint weiter: «Steht Saturn in einem Geburtshoroskop in der «Himmelsmitte» und der Planet, dessen «Anauba» [Stellvertreter, siehe weiter oben] er ist, bildet vom IC aus einem trockenen Zeichen heraus, eine Opposition zu ihm, stirbt der Geborene durch einen Schlag auf den Kopf oder durch ein einstürzendes Gebäude. Ist das besagte Zeichen hingegen feucht, ertrinkt er; ist es ein «Menschliches», so wird er erwürgt.

Stehen Mars und Saturn zur Geburtszeit «peregrin» am Aszendenten, hat ein so Geborener eine Narbe oder einen Fleck am Kopf oder in seinem Gesicht.

Ist einer dieser beiden «Übeltäter» dabei versehrt, «verbrannt» oder «rückläufig, wird sein Kopf deformiert und sein Gesicht entstellt sein, ansonsten nicht.»

133.

Steigen in einem Geburtshoroskop die Zwillinge oder der Schütze am Osthorizont auf und steht der «Dispositor» ihres jeweiligen Herrschers [d.i. Merkurs bzw. Jupiters], wie auch der Mond günstig und stark, wird ein so Geborener zu grossem Reichtum gelangen.

Mit Jungfrau oder den Fischen am Aszendenten und deren Herrscher [d.i. Merkur bzw. Jupiter] günstig disponiert bzw. mit einem günstig positionierten Mond wird er Geld machen, dieses gut investieren und, ausserdem wegen seiner Grosszügigkeit und Freigiebigkeit sehr beliebt, glänzend davon leben können.

Mit einem Zwillinge- oder Schützeaszendenten wird sich ein Geborener zwar weniger grosszügig, dafür umso genüg- und sparsamer zeigen. Nebenbei gesagt geht ein Zwillinge- oder Jungfrauaszendent schnell einmal seines Vermögens verlustig und gerät in Not, während Schütze- oder Fischeaszendenten nie in Geldnot geraten oder gar verarmen.

Mit einem Aszendenten Widder, Skorpion, Steinbock oder Wassermann erweist sich ein Geborener als erbärmlich habgierig. Falls Jupiter dabei den Aszendenten aspektiert, vermag er diese schäbige Gesinnung wenigstens einzudämmen, ohne sie jedoch völlig in Schach halten oder gar gänzlich eliminieren zu können.

134.

Stehen Mars oder Venus in einem Geburtshoroskop im sechsten Haus; sowie dort gut disponiert, dann taugt der Geborene kaum zur Medizin und wird in der Ärztekunst kaum eine rundum gute Figur abgeben.

Steht Merkur in Konjunktion mit einer rückläufigen Venus, wird ein so Geborener einen von Natur aus guten Sänger abgeben. Steht Merkur jedoch unverletzt im Zwölften, zeigt sich der Geborene in den meisten Wissenschaften wissbegierig und Bekanntheit erlangend, besonders in der Philosophie.

135.

Befinden sich der Aszendentenherrscher, der Mond, sowie Jupiter und Venus allesamt im ersten Haus oder aspektieren Jupiter und Venus den Aszendenten und den Mond unversehrt mit Trigon oder Sextil, erweist sich ein so Geborener als derart stark und mutig, dass niemand es wagt, sich seinen Befehlen zu widersetzen.

136.

Befinden sich beide Lichter [d.i. Sonne und Mond] unversehrt in ihren Erhöhungsgraden [d.i. Sonne auf 19° Widder; Mond auf 3° Stier], in ihren Domizilen [d.i. Löwe bzw. Krebs] oder in einem gradgenauem Aspekt zueinander, wird ein unter einer solchen Konstellation geborener König, Oligarch oder sonst gesellschaftlich Hochgestellter zum Universalherrscher über vier Generationen hinaus.

Ist aber Jupiter Dispositor von Mars, Sonne, Venus, Merkur und Mond [d.i. wenn diese im Schützen, den Fischen und allenfalls im Krebs stehen] und er seinerseits von diesen Würde empfängt [d.i. gegenseitige Rezeption], indem er nicht im Wassermann steht, bzw. falls alle unterhalb Jupiters stehenden Planeten, ungeachtet der obgenannten Bedingung mit ihm eine gegenseitige Rezeption bilden, und danach alle beide von Saturn disponiert werden [was nur bei einer Stellung Jupiters im Steinbock oder der Waage möglich ist], und beide zudem in Eckhäusern stehende Morgensterne [d.i. «östlich»] sind, wird der Geborene eine grosse, weiterherum berühmte und mächtige Person sein, selbst wenn nicht königlichen Blutes mit lang anhaltender, d.h. mindestens ein Jahrhundert über ihren Tod hinausreichender Berühmtheit.

137.

Steht Merkur im ersten Haus in Konjunktion mit Saturn, handelt es sich beim Geborenen um einen dummschwätzerischen Möchtegernintellektuellen, der über jeden und jede lästert. Sein Geisteswitz beschränkt sich auf das Aushecken von Lügengeschichten, wobei das Auftischen solcher für ihn so selbstverständlich ist, dass, sobald er seinen Mund öffnet, sich Unwahrheiten mit der Wahrheit mischt.

Saturn verleiht ihm ein verdorbenes Mundwerkzeug, wobei Merkur ihn dabei mit seinem Scharfsinn zu Missetaten verleitet.

138.

Befinden sich die beiden «Übeltäter» in einem Geburtshoroskop im vierten Haus, oder befinden sich Saturn und Mars in von kardinalen Zeichen besetzten Eckhäusern [d.i. Widder, Krebs, Waage, Steinbock], blühen einem so Geborenen lebenslange Armut, Verachtung und Pechsträhnen; ausser Jupiter oder der Triplizitätenherrscher des Aszendentenzeichens bewahren ihn davor.

139.

Der «Drachenschwanz» [d.i. der «absteigende Mondknoten»] deutet in Geburts- und Fragehoroskopen Verluste und Verheerungen in der durch das betreffende Haus bezeichneten Angelegenheit an, besonders wenn diese mit Finanzen im Zusammenhang steht.

Der «Drachenschwanz» im ersten Haus bedeutet demnach Verluste auf dem vom Nativen bzw. Fragesteller selbst erwirtschafteten Vermögen.

Im Zweiten: Verluste des Nativen bzw. Fragestellers in Bezug auf Eigenkapitals- und Substanzerträge.

Im Dritten: Verluste auf mit Geschwistern, Nachbarn oder entfernten Verwandten oder auf Rechnung dieser erwirtschaftete Vermögenswerte.

Im Vierten: Verluste auf mit dem eigenen Vater, Onkel, Schwiegervater oder mittels einer Erbschaft erwirtschaftete Vermögenswerte. Weiter bedeutet diese Stellung, dass der Geborene bzw. Fragesteller seine Behausung wegen Verbesserung seiner gesellschaftlichen Position oft wechselt. Er wird nicht sesshaft bleiben, wobei sich seine häufigen Umzüge als wenig ergiebig erweisen.

Im Fünften: Verluste auf mit den eigenen Kindern oder auf Rechnung dieser erwirtschaftete Vermögenswerte.

Im Sechsten: Verluste auf mit Sklaven oder Kleinvieh erwirtschaftete Vermögenswerte.

Im Siebten: Verluste auf mit Frauen, Partnern oder der Konfrontation mit Widersachern erwirtschaftete Vermögenswerte.

[Die Erörterung des achten Hauses fehlt in beiden Ausgaben von 1491 und 1550.]

Im Neunten: Verluste auf mit Kirchenmännern erwirtschaftete Vermögenswerte oder diesbezügliche Verluste wegen Kirchenmännern.

Im Zehnten: Aus der Ausübung von Ämtern und Würden entstehende Vermögensverluste.

Im Elften: Verluste auf mit Freunden aus Freundschaften erwirtschaftete Vermögenswerte.

Im Zwölften: Verluste auf mit Grossvieh erwirtschaftete Vermögenswerte oder von heimlichen Feinden verursachte Vermögensverluste.

140.

Erweist sich der Signifikator des Fragegegenstands bzw. der Mond als so schwach, dass ein Zustandekommen der Angelegenheit dadurch zweifelhaft erscheint, so [behelfe man sich, indem] man die Position des Signifikators des Fragestellers [d.h. des Aszendentenherrschers], sowie die des Signifikators des Fragegegenstands nimmt und dabei die [zodiakal von 0° Widder aus gerechnet] geringere Position von der grösseren substrahiert. Die resultierende Gradzahl addiert man sodann der Gradzahl des Aszendenten.

Der Zustand des Herrschers des Zeichens, in das der resultierende Punkt auf dem Zodiak zu liegen kommt, gibt uns dann [ergänzende] Auskunft über den Fragegegenstand und gemäss der günstigen bzw. ungünstigen Stellung [d.h. seiner «akzidentiellen» Würde], sowie der Stärke bzw. Schwäche [d.h. seiner «essentiellen» Würde] dieses Punktes fälle man sein Urteil:

Betrifft die Angelegenheit die Besitzverhältnisse des Fragestellers und der resultierende Punkt fällt ins zweite Haus, dann belegt dies, dass die Besitztümer des Fragestellers betroffen sind; fällt er ins Dritte, zeigt er an, dass seine Geschwister, Nachbarn etc. betroffen sind; im Vierten sein familiäres Umfeld; im Fünften seine Kinder; im Sechsten seine Angestellten; im Siebten der Ehepartner; im Achten der Vermögensanteil des Ehepartners; im Neunten lange Reisen; im Zehnten seine Laufbahn; im Elften seine Freunde; im Zwölften seine heimlichen Feinde.

141.

In Geburtshoroskopen gilt es stets die dem Nativen von den Fixsternen verliehenen Geschenke oder Schicksalsschläge, sowie die Dauerhaftigkeit in Bezug auf ihre Thematik zu beachten, verbunden allerdings mit dem Bewusstsein, dass deren Tragweite geringer einzustufen ist als derjenige der Planeten; auch wenn ein tiefer greifender Einfluss der Fixsterne wahrscheinlicher erscheint.

Ich vermag mich nicht zu erinnern, bei den älteren Autoren je eine dieses Thema erwägende Äusserung vernommen zu haben; von Ptolemäus «Centiloquien» einmal abgesehen. Dieser bemerkt dort: «Die Fixsterne verleihen Gaben im Übermass, die aber oft ins Elend führen.»

Und «Al-Mansur» meint in seinen (dem grossen Sarazenenherrscher gewidmeten) «Capitulis» [dies bezieht sich auf die «Kapitel des al-Mansur», Proposition 27]: «Die Fixsterne verleihen bemerkenswerte Gaben und heben [einen Geborenen], mehr noch als die sieben Planeten, aus der Armut in Schwindel erregende Höhen.»

Der Grund für die im Vergleich mit den Planeteneinflüssen kurzfristigeren Wirkungen der Fixsterne für die Menschen liegt darin, dass die Menschen als Empfänger der Qualität der Fixsterne in ihrer Eigenschaft als Mittler nicht hinreichend entsprechen. Die Menschen sind von ihrer Natur her nicht dazu befähigt sind, die Qualitäten der Fixsterne zu empfangen, da es an der erforderlichen Schwingungsübereinstimmung zwischen Mittler und Empfänger mangelt.

Dies kommt daher, weil die Fixsterne die bezüglich ihrer Bewegung langsamsten Körper im Universum sind, was sich analog auf ihre Wirkweise auswirkt. Dies bedingt folglich, dass ihre Einflussmöglichkeit Dinge und Personen gleicher Natur erfordert; oder anders ausgedrückt: die Fixsterne «benötigen» für eine optimale Wirkungserzeugung, auf eine sehr lange Existenzdauer veranlagte Dinge und Angelegenheiten.

Immerhin beträgt die Umlaufzeit der Fixsterne ganze 36'000 Jahre, währenddessen die menschliche Lebensspanne sich kaum je über drei Saturnumläufe, d.h. 90 Jahre hinaus erstreckt; es sei denn, durch dem *«al-kadukhadah»* [arab. der «Jahresgeber», latinisiert «Alkochodon».] von ein paar Planeten zusätzlich verliehene Lebensjahre, was aber im Vergleich mit den 36'000 Jahren eines Fixsternumlaufs immer noch ein verschwindend kleiner Teil dessen ist, was nötig wäre, die Auswirkungen ihrer Einflüsse einzufangen.

Und wie ein Adler seine ganze Flugkapazität mit einem einzigen Flug genauso wenig ausschöpfen kann wie ein Stein seine Qualitäten in einem singulären Wurf offenbart, so vermögen auch die Fixsterne die Wirkungen ihrer Einflussmöglichkeiten, bzw. ihre Begnadung versprechenden Gaben in einem Menschen höchstens rudimentär zu entfalten, weil der Zyklus eines Menschenleben im Vergleich mit der Fixsterne schlicht von zu kurzfristigen Wechseln geprägt ist.

Und deshalb raten wir hier in Bezug auf die Erstellung von Elektionshoroskopen [d.i. Horoskop zwecks Auswahl eines günstigen Zeitpunktes] bei Stadtgründungen den Fixsternen mehr Beachtung zu schenken als den Planeten, da Städte sich unter allen der Vergänglichkeit anheim fallenden Dingen generell am Langlebigsten sind; und dabei auch bedeutend langlebiger als einzelne Gebäude, da deren Lebensdauer stark von der jeweiligen Laune ihrer Besitzer abhängt. Eine Stadt überdauert hingegen den kontinuierlichen Bau und Abrisses ihrer Gebäude klaglos und sieht sich deshalb selbst gegenüber den langlebigen Schlössern klar im Vorteil.

So ist es verständlich, dass wir bei Elektionshoroskopen für den Bau von Schlössern unser Hauptaugenmerk den «oberen Planeten» [d.h. Saturn, Jupiter und Mars] widmen. Allerdings empfiehlt sich aus den eben erörterten Gründen der Einbezug der Fixsterne auch dort.

Da wir einer Stadt, wie bereits erörtert, unter normalen Umständen eine gar weit längere Lebenszeit zumessen als einem Schloss, zeigt sie die grösste Affinität zu den Fixsternen, deren Einflüssen sie eben am stärksten unterworfen ist.

Da der Effekt, den ein fester Gegenstand auf Einen von gleicher oder ähnlicher Festigkeit ausübt, deutlich anhaltender ist als seine Effekte auf einen weniger Festen; nicht zu reden von denen auf ein labiles oder gar gänzlich flüchtiges Objekt.

Aus diesem Grund ist der Einfluss der Fixsterne auf Städte anhaltender als derjenige, den sie auf Schlösser ausüben, da Letztere eben der Vergänglichkeit stärker ausgeliefert sind als Erstere; das Entsprechende gilt für Häuser im Verhältnis zu Schlössern.

Zieht man dann die Lebensdauer des menschlichen Körpers allein schon in dessen Verhältnis zu derjenigen eines Hauses in Betracht, so findet man diesen dem Einfluss der Fixsterne noch weiter entzogen, weshalb deren Einfluss im Geburtshoroskop einer Einzelperson entsprechend noch geringer einzustufen ist.

Die Schwingungsfrequenz der Fixsterne ist so hoch und erhaben, ihre Bedeutung so weit von der von Hinfälligkeit und Veränderung geprägten irdischen Ebene entfernt, dass sie sich, ähnlich wie Wasser mit Öl, nur schwer mit dieser vermengen lässt. Deshalb wirken die Fixsterne auf irdische Angelegenheit zwar ein, dies jedoch nicht auf lang anhaltende Weise, da die Fixsterne eben [wie bereits erwähnt] zu erhaben wirken, als dass ihre Wirkung, auf Grund ihrer grossen Entfernung von diesen elendiglich vergänglichen und veränderlichen Körpern und ihrer grösseren Nähe zum höchsten Licht, sich nicht dauerhaft in oder mit diesen zu entfalten vermag, gerade wenn diese sich so leicht oder plötzlich verändern und sinken können wie es vor allem bei Menschen niedriger Natur und gemeiner Gesinnung der Fall ist, da solche selten über ihre angeborenen Charakterzüge hinauszuwachsen vermögen.

Dies hat zur Folge, dass die wohltätigen Einflüsse der Fixsterne einen solchen Menschen oftmals zu dessen verhängnisvollen Schaden noch zu seinen Lebzeiten verlassen, dass höchstens Gott allein diesen noch zu verhindern vermag.

Dennoch erscheint es nicht ausgeschlossen, dass ein Individuum der Gunst der Fixsterne zuweilen dauerhaft anheischig zu bleiben vermag.

So ist es denn bereits vorgekommen, dass Einer die maximalen Lebensjahre des «al-kadukhadah» erreicht hat, wobei mir dies allerdings mit einem gewissen «Richard», dem ich 1223 in Ravenna begegnete, erst ein einziges Mal vorgekommen ist. Dieser behauptete von sich, dass er, bereits 500 Jahre zählend, einstmals Höfling des Frankenkönigs Karls des Grossen gewesen sei.

Zu dieser Zeit, er soll auf seinem Weg nach Santiago de Compostela im Jahre 1267 in Forli vorbei gekommen sein, wurde auch von einem gewissen «Johannes Buttadäus» berichtet. Dieser soll bereits zu Christi Tagen gelebt haben, wobei er den Herrn, als dieser zur Kreuzigung geführt wurde, gestützt haben soll, und dieser dann zu ihm gesagt habe: «Du sollst dich bereit halten und bis zu meiner Wiederkunft auf mich warten.»

Die Qualität eines Fixsterns in seiner Eigenschaft als primärer Bedeutungsträger vermag sich zudem nur mittels eines als sekundärer Bedeutungsträger fungierenden Planeten im Leben einer Einzelperson bemerkbar zu machen; wobei auch mit einem dergestalt als Mittler fungierenden Planeten die Wirkung eines Fixsterns sich nur auf Persönlichkeitsgrössen, Schwerreiche, geborene Herrscher und Menschen von grossmütigem, tapferem und ausgezeichnetem Charakter zuweilen lang anhaltend auszuwirken vermag; so wie zu meinen Lebzeiten Kaiser Friederich II. einer war. Mittellos und in grossen Nöten, als er in die Kaiserwürde erhoben wurde, gelang es ihm trotzdem, sich sämtliche Feinde, Abtrünnigen und Aufständischen zu unterwerfen und ganz Apulien, das Königreich Sizilien, Jerusalem, Kroatien, Italien und mit Ausnahme der Lombardei, das gesamte römische Reich unter seine Herrschaft zu bringen und in dieser erlauchten, blühenden Verfassung zu verbleiben. Dennoch starb er schliesslich, von seiner Dienerschaft vergiftet, einen elendiglichen Tod, wobei beinahe auch noch seine gesamte Familie ausgerottet wurde.

Ein weiteres Beispiel findet sich in «Ezzelino III. de Romano», der aus niedrigem Adel stammend, sich weit über alle übrigen Italiener erhob, da er während 26 Jahren die Markgrafschaft Treviso und später Verona und Trient bis auf hin auf vier bis fünf Meilen Distanz von Venedig als Tyrann regierte. Schliesslich wurde auch sein ganzer Ruhm von einem Unglück zunichte gemacht; und zwar gerade zu der Zeit, als es für unmöglich galt, ihm beizukommen, fiel er bei der «Schlacht von Cassano d'Adda» auf Mailändischem Territorium in Feindeshand und verstarb elendiglich, worauf auch noch seine gesamte Nachkommenschaft restlos ausgerottet wurde.

Ein gleiches Beispiel findet sich im Königreich Apulien mit einem niederträchtigen «Petrus de Vinea», der zu seiner Zeit als Gelehrter in Bologna, Hunger leidend, gezwungen war, sich seinen Lebensunterhalt zu erbetteln. Nichtsdestotrotz wurde er zum Notar und später gar zum Kanzleichef am Hofe Kaiser Friederichs II. ernannt. Er wurde Richter und erlangte die uneingeschränkte Gunst und Vertrauen des Kaisers, der ihn gar zum Herzog von Apulien ernannte.

Er seinerseits hinterging jedoch den Kaiser und bereicherte sich hinter dessen Rücken hemmungslos. Das führte dazu, dass er schliesslich 10'000 Pfund Gold, nebst anderen schier unvorstellbaren Schätzen besass. Dennoch stürzte er schliesslich und zwar kläglich. Der Kaiser, der sich, wie berichtet wird, vor Entrüstung über den Treuebruch den Kopf an der Wand blutig schlug, ordnete darauf Petrus' Blendung an.

Ein weiteres Beispiel vulgären Abschaums, der zunächst hoch flog und tief landete, gibt ein gewisser «Smerolus» in Pisa ab, der angeblich Provinzherzog wurde, mit dem es eine Zeit lang kein anderer Adliger aufzunehmen wagte und der schliesslich scheiterte.

Nach ihm stieg ein ebenso niederträchtiger Geselle namens «Ugolino della Gherardesca» in der Stadt zu solcher Macht auf, dass er, ohne dabei auf Widerstand zu stossen, ganz Pisa beherrschte, bis schliesslich «Gulliver», ein Richter, ihn zerstückeln liess.

Ähnliches geschah in Florenz mit einem gewissen «Simon Mustaguere». Von rätselhafter Herkunft, stieg er so steil auf, dass alle Welt ihn bewunderte und sich, von mir, der ich ihn durchschaute, abgesehen, auch keiner traute, ihm entgegenzutreten. Während dreier Jahre war es ihm vergönnt, nach Belieben Unfug zu treiben, wobei er schliesslich wegen seiner Feigheit und seinem miesen Charakter aus der Stadt verbannt wurde.

Ein Nächster war ein Ordensbruder der Dominikaner namens «Johannes», mit Geburtsnamen «Vicentinus». Er genoss in ganz Italien unter den Gläubigen der katholischen Kirche den Ruf eines Heiligen, wobei ich ihn stets für einen Heuchler hielt.

Sein Ansehen wuchs so weit, dass man sich erzählte, er hätte 18 Tote zum Leben erweckt (obwohl auch nicht Einer von diesen jemals gesehen wurde), er vermöge sämtliche Krankheiten zu heilen, Dämonen zu bannen etc., obwohl ich, trotz wiederholter Nachforschung, niemals jemanden zu Gesicht bekam, der von ihm von seinem Leiden befreit wurde. Trotzdem schien ihm die ganze Welt zu Füssen zu liegen. Man schätzte sich glücklich, wenn man einen Faden seiner Mönchsmütze ergattern konnte, da ein solcher als Heiligenrelikt galt. In seinen Predigten prahlte er öffentlich damit, mit Jesus Christus, der Jungfrau Maria, sowie den Engeln in direktem Kontakt zu stehen. Mit diesen Tricks erschlichen sich seine Ordensbrüder zu Bologna über 20'000 Mark.

Seine Macht stieg derart, dass auf sein Betreiben hin, ein wegen Mordes zum Hinrichtungsplatz geführter Soldat freigelassen wurde, wogegen sich weder einer der zuständigen Magistraten zu wehren, noch sonst jemand Einwände zu erheben wagte; ausser mir, der ich all seine Tricks und Täuschungsmanöver kannte. Der Pöbel bezichtigte mich, aus Angst vor ihm, deswegen allerdings der Ketzerei.

Er hingegen vermochte mehr als ein weiteres Jahr lang in diesem Ansehen und Pomp zu verweilen, bis sein Glanz, als seine Schliche und seine Heuchelei schliesslich doch noch aufflog, erlosch wie eine ausgeblasene Kerze: stinkend, als sich dann nämlich plötzlich jedermann der Bekanntschaft mit ihm schämte.

142.

Bei der Beurteilung von Geburts- und Fragehoroskopen ist die Betonung stets auf die planetaren Einflüsse bezüglich Wohl und Wehe eines Nativen bzw. Fragestellers zu legen. Dies deswegen, weil die Planeten den Menschen wesensmässig näher und ihr Einfluss auf deren Lebenswandel entsprechend ihrer Horoskopstellung dauerhafter ist. Diese Deutungspriorität gilt jedoch nicht absolut, da ein Horoskopeigner durchaus auch für die Einflüsse der günstigen Fixsterne empfänglich sein kann.

Dies, obwohl der Einfluss der Planeten unmittelbarer und prägender ist, da diesen kraft ihres wandelbaren Wesens [als sog. «Wandersterne»] eine stärkere Affinität mit der gleichfalls inkonstanten Natur des menschlichen Lebenswandels eigen ist. Dies gilt dann natürlich in erhöhtem Mass für die schnell laufenden «unteren Planeten» [d.h. Venus, Merkur und Mond] und in etwas geringerem Umfang in Bezug auf die «oberen Planeten» [d.h. Mars, Jupiter und Saturn], deren Wesen bereits eher dem Bau von Gebäuden als dem Leben der Menschen angepasst ist.

Über die günstigen Einflüsse Saturns und der anderen Planeten

Ein [«akzidentiell», d.h. bezügl. Direkt-/Rückläufigkeit, Geschwindigkeit, «Verbrennung», Achsennähe] günstig stehender, starker [d.h. bezüglich «essentieller» Würden] Saturn im Osten [d.h. als Morgenstern] mit zusätzlicher Rezeption [d.h. in applikativem Aspekt zum Herrschers des Zeichens, in dem er steht] verleiht grosses Glück im Baugewerbe, der Anlage von Plantagen mit Bäumen langer Tragzeit, mit Bodendüngern, Staudämmen u.ä.

Jupiter ist im Zusammenhang mit Wissenschaften, insbesondere der Jurisprudenz, genauso wie mit Bischofs-, Richterwürden o.ä. Glück beschieden; Mars in der Rekrutierung und Führung von Armeen; der Sonne in hohen Ämtern wie Königtum, Bürgermeister- und anderen Ämtern ziviler Herrschaft.

Die «unteren Planeten» verleihen der gegenüber Schlössern und Städten der Vergänglichkeit in erhöhtem Umfang preisgegebenen menschlichen Natur entsprechende Gaben:

so mit Venus weibliche Verführungskunst, Schmuckstücke, Liebesgetändel; mit Merkur Handel, Schriftstellerei, Malerei und zukunftsweisende Dinge; mit dem Mond Schifffahrt, von der Literatur und Malerei festgehaltene Händel, Weinbau, Gastronomie etc.

Wie bereits erwähnt, sprechen die Menschen auf diese von den «unteren Planeten» verliehenen Dinge ihrer Natur entsprechend ausgezeichnet an.

Und obwohl sich natürlich auch die Bedeutungen der «oberen Planeten» auf die Lebensumstände der Menschen auszuwirken vermögen, so doch weniger tiefgreifend. Jedenfalls wirken sich die Einflüsse der «unteren Planeten» dauerhafter aus als die der «Oberen», genauso wie die Einflüsse Letzterer dauerhafter sind als die der Fixsterne. So vermögen z.B. die dem Einfluss des Mondes zugeschriebenen Glücksfälle und Gaben sieben Jahre bis hin zu sieben Generationen anzuhalten, da der Mond, von oben gezählt, der siebte Planet ist. Und wenn dabei das siebte Jahr bzw. die siebte Generation erreicht wird, vermag sich der Erfolg genauso wenig auf das achte Jahr bzw. die achte Generation erstrecken, wie angenommen vom 42. bis zum 45. Jahr, einschliesslich beide dieser von Merkur, als sechstem Planet von Saturn aus gezählt, vermag sechs Jahre zu überdauern, wobei auch dieser es kaum ins Siebte schaffen wird.

Im Fall der Venus als von Saturn aus fünftem Planet, ist entsprechend mit auf fünf Jahre beschränkte Erfolgssträhnen zu rechnen; bei der Sonne entsprechend mit Vierjährigen; bei Mars mit Dreijährigen; bei Jupiter mit Zweijährigen, während sich die von einem gut gestellten Saturn verliehenen Erfolgsphasen ein Jahr nicht zu überschreiten vermögen und in seltenen Fällen drei Jahre andauern.

Und wenn ich sage, dass sie so lange dauern, schliesse ich damit nicht aus, dass sie allenfalls schon früher enden. So wie Aristoteles schreibt, dass es festgelegte Grenzen gibt, die nicht überschritten werden können; wobei er nicht sagt, dass man an diese auch gar nicht gelangen kann; und so ist es in diesem Fall.

Da tatsächlich behaupte ich, dass die oben erwähnten Zeiträume nicht überschritten werden können, ohne entweder gänzlich zerstört oder bis zur Unkenntlichkeit entstellt zu werden; so wie ein grüner oder dunkelgrauer Gegenstand im Gegensatz zum einst blütenweissen; ausser es entsteht allenfalls etwas ganz Neues aus einer anderen Quelle (was selten vorkommt). Hierbei kann allerdings nicht ernsthaft behauptet werden, dass es sich dabei tatsächlich um dasselbe handelt, sondern dass es etwas von Grund auf Neues sei.

Daher kommt vielleicht das allgemein bekannte Phänomen, dass unlauter erworbene Güter bzw. Besitztümer das fünfte oder dritte Jahr nie überdauern. Viele, die dieses Sprichwort verwenden, kennen dessen Herkunft eben nicht, sondern kennen es bloss vom Hörensagen bzw. sehen es in ihrem eigenen Leben oft bewahrheitet.

Aber was wir hier niedergeschrieben sehen, muss seinen Grund haben: unlauter erworbene Güter fallen unter dieselbe Kategorie wie Wucher, Lügen, Betrug, Diebstahl, Räuberei.

143.

Hier geht es in vierzehn Punkten um das Verständnis der akkuraten und umfassenden Beurteilungsmethode bei der Prüfung und Analyse eines Horoskops:
1. Ist der Aszendentenherrscher mit dem «Stundenherrscher» identisch, oder zumindest zur von diesem beherrschten Triplizität oder Art gehörend, handelt es sich um eine ernsthafte Frage.

Befindet sich der Aszendent jedoch an einem Zeichenende [d.i. in dessen letzten drei Graden], ist die Frage nicht «radikal» [d.h. tiefgreifend genug, um vom Fragehoroskop beantwortet werden zu können].

2. Der Aszendentenherrscher, der Mond, sowie der Planet, von dem sich der Mond gerade aus einem Aspekt trennt, gelten als Signifikatoren des Fragestellers, während das siebte Haus, sowie der Planet, mit dem der Mond dabei ist, eine Verbindung einzugehen, die Person darstellt, auf die sich die Frage bezieht.

Falls jedoch nötig, wähle man die Häuser, die die gemeinten Personen von ihrer Bedeutung her bezeichnen.

3. Erwäge das Wesen der erfragten Angelegenheit und ermittle so das Haus bzw. das Zeichen, dessen Bedeutung dieser entspricht.

4. Man beachte, ob die Signifikatoren des Fragegegenstands Aspekte von «Wohl-» bzw. «Übeltätern» empfangen.

5. In welchem Haus von ihrem Domizil aus befinden sich die Signifikatoren, ob in ihrem eigenen oder in dem [von diesem aus gezählt] zweiten, dritten, oder vierten etc. oder ob sie sich in der «Via Combusta» [lat. «die verbrannte Strasse», d.i. 15° Waage bis 15° Skorpion] oder an entsprechenden Orten befinden.

6. Man prüfe, ob sich ein Signifikator in einem «Eckhaus» [d.i. im 1., 4., 7. oder 10.], einem «fixen Haus» [d.i. im 2., 5., 8. oder 11.] oder in einem «fallenden Haus» [d.i. im 3.,6., 9. oder 12.] befindet.

7. Man beachte sorgfältig von welcher Stelle dem Fragesteller Hilfe zu Teil wird, ob seitens des Vaters oder des Kindes oder des Königs oder von Blutsverwandten oder Freunden etc.

Dies weil die wohltätigen Signifikatoren positiv beurteilt werden und die «Übeltäter» gegenteilig.

8. Man beachte auch die Gemütsstimmung des Fragestellers; ob er fröhlich und sich gleichzeitig der Aszendentenherrscher gleichzeitig im fünften Hause steht oder sich sonst vom Herrscher des Fünften [günstigen] aspektiert findet und dabei seitens der Übeltäter unversehrt ist; oder ob er eben in trauriger Stimmung fragt und man dabei seinen Signifikator [d.i. der Aszendentenherrscher oder den Mond] im sechsten, siebten, achten oder zwölften Hause findet.

Anders verhält es sich allerdings, wenn der Fragegegenstand einem dieser Häuser zugeordnet ist.

9. Man prüfe weiter, ob man in einem Horoskop die «Wohl-» oder die «Übeltäter» an einem die Fragestellung widerspiegelnden Ort vorfindet.

Sind dann die Wohltäter vorherrschend, so ist ein günstiger Ausgang zu erwarten; im umgekehrten Fall ein Ungünstiger und bei Gleichstand ein Unentschiedener.

10. Man beziehe in seine Erwägungen auch ein, ob sich der Aszendentenherrscher im Hause des Fragegegenstands befindet oder ob er einen Aspekt mit dessen Herrscher bildet.

11. Ob sich eine Frage erfüllt, hängt auch davon ab, in welchem Haus der Aszendentenherrscher den Signifikator des Fragegegenstands aspektiert, da der Signifikator dieses Hauses ebenfalls Einfluss auf den Ausgang der Angelegenheit, sowie auf den Zeitpunkt des Eintretens dessen hat.

12. Bilden die Signifikatoren [des Fragesteller mit dem des Fragegegenstands] keinen Aspekt miteinander, kann sich die Angelegenheit trotzdem noch erfüllen, wenn nämlich ein dritter Planet zwischen den beiden Signifikatoren eine «Übertragung des Lichts» vornimmt [d.h. zuerst mit dem einen und später mit dem anderen dieser

Beiden einen Aspekt bildet] oder wenn es zu einer «Sammlung des Lichts» kommt [d.i. wenn ein dritter Planet zuerst vom einen, dann vom anderen der Signifikatoren noch aspektiert wird].

13. Als Anzeichen eines günstigen Ausgangs einer Angelegenheit gilt auch die wesens- und bedeutungsmässige Übereinstimmung der beteiligten Signifikatoren.

14. Je nach dem, ob bei einer Rezeption der Empfänger ein «Wohl-» oder ein «Übeltäter» ist, ob er stark oder schwach steht und die Signifikatoren und den Mond (oder einen dieser) freundlich oder feindlich aspektiert, hat die Betonung der Deutung auszufallen.

144.

Geben in einem Geburts-, Frage- oder Elektionhoroskop die Signifikatoren keine klaren Auskünfte, sondern bleiben vage und lassen einem in der Schwebe, so berechne man, mit Ausgangspunkt 0° Widder, den Abstand zwischen dem Aszendentenherrscher und dem Monddispositor. Den resultierenden Bogen addiere man darauf, unabhängig davon, ob es sich um ein Tages- oder ein Nachthoroskop handelt, zum Aszendenten.

Der Herrscher des Zeichens, in das diese Addition schliesslich führt, betrachte man fortan als Signifikator des Fragegegenstands und nehme seine Beurteilung gemäss dessen Stellung vor.

145.

Befindet sich in einem Geburthoroskop der Fixstern «Regulus» [lat. «Cor Leonis», das «Löwenherz», Position im Jahr 2000: 29°50' Löwe], bei Tage von «Übeltätern» unaspektiert 1° über bis hin zu 3° unter dem Aszendenten, respektive vor und hinter der Himmelsmitte, so bedeutet allein diese Stellung, dass ein so Geborener einen hohen Bekanntheitsgrad und grosse Macht erlangen wird, und, zu verherrlicht, in hohe Ämter und Ehren eingesetzt wird; selbst wenn er von Eltern niedersten Standes abstammt.

Und falls dabei auch noch ein Wohltäter [d.i. Jupiter oder Venus] den Aszendenten bzw. die Himmelsmitte aspektiert, wird sein Ruhm ein gar noch Grösserer sein.

Handelt es sich dabei jedoch um eine Geburt bei Nacht, wird das Glück des Geborenen ein wenig geringer sein.

Werfen dazu auch noch «Übeltäter» Aspekte auf den Aszendenten oder die Himmelsmitte, mindert dies die Möglichkeiten des Geborenen noch ein wenig mehr.

Aber falls die «Wohltäter» Aszendent bzw. Himmelsmitte ebenfalls apektieren, steigern sie das Wohl des Geborenen um einen Viertel und verringern das Übel zum gleichen Teil.

Trotz all den eben beschriebenen Vorteilen wird ein so Geborener eines unglücklichen Todes sterben, bzw. findet er dann zumal all seine Ehren, seine Grösse und Macht verblasst und sich ihrer enthoben.

146.

Berechnet man, von 0° Widder ausgehend, den Abstandsbogen zwischen dem Aszendentenherrscher und dem Herrscher des zwölften Hauses und addiert diesen zum Aszendenten, so gilt der Dispositor des daraus resultierenden Zeichens als «Primärpartner» des Hauptsignifikators des Fragegegenstandes.

Berechnet man nun auf gleiche Weise den Abstandsbogen zwischen diesem «Primärpartner» des Frageherrschers und dem Dispositor des Glückspunktes und addiert diesen ebenfalls zum Aszendenten, so findet man im Dispositor des sich so errechnenden Zeichens den «Sekundärpartner» des Frageherrschers. Zeigt sich dieser als mit dem «Primärpartner» identisch, ziehe man diesen in der Deutung [als Teilhaber des Signifikators des Fragegegenstands] in Betracht.

Sind die Beiden jedoch nicht identisch, so berechne man auf wiederum gleiche Weise den Abstandsbogen zwischen «Primärpartner» und «Sekundärpartner», um diesen Bogen darauf gleichfalls zum Aszendenten zu addieren, woraus sich mit dem Dispositor des sich so ergebenden Zeichens der «Tertiärpartner» des Frageherrschers zeigt.

In diesem Fall bediene man sich schliesslich desjenigen der drei «Partner», welcher sich in der stärksten Stellung zeigt, als Hauptteilhaber des Signifikators des Fragegegenstands.

Finden sich zwei oder gar alle drei dieser «Partner» im gleichen Zeichen, so erhält der Dispositor dieses Zeichens den Vorzug.

Sind zwei oder gar alle drei [was bei Identität von «Primär-» und «Sekundärpartner» bereits automatisch der Fall ist] dieser so berechneten «Partner» miteinander identisch, so erhält dieser den Vorzug.

Scheint die Frage viel versprechend und diese Partner sind dabei ungünstig disponiert, trüben sie die Gunst der Signifikatorenstellungen. Scheint eine Frage gemäss Stellung der Signifikatoren hingegen einen ungünstigen Verlauf zu nehmen und die «Partner» stehen dabei günstig, werden sie diesen mildern und mindern.